アスリート×ブランド

感動と興奮を分かち合う
スポーツシーンのつくり方

著 長田新子

宣伝会議

はじめに

エアレース、ＢＭＸフラットランド、フリースタイルモトクロス（ＦＭＸ）。どれも一度も聞いたことがない、観たことがないスポーツだった。

レッドブル・ジャパンに入社した２００７年にブランド・コミュニケーション統括として取り組むことになったスポーツコンテンツがこれらだった。割といろいろなスポーツに接してきたとは思っていたが、あまりにも想像を上回る競技と映像のインパクトに衝撃を受けながら、様々なスポーツシーンやアスリートとの長旅が始まった。知ったかぶりもできないことは十分承知で、わからないので教えてもらいながら、とにかくアスリートと向き合い、しかしながら自分なりに解釈し、どうやったらシーンを拡大できるのか、ファンを獲得できるのか、この日本で熱狂的なイベントができるのか、もちろんブランドとしてどう成長できるのかを真剣に考えて10年以上取り組んできた。

レッドブル・ジャパンを辞めてから約2年。自分自身そこまでだとは思っていなかったが、〝レッドブル＝イベント〟という強いイメージがあることを実感している。

ントをたくさんスポンサーしていますよね？」「予算があるからできるんですよね？」「どういう基準で種目を選んでいるんですか？」といった質問を受ける。

自分のキャリアを振り返ると、長らく外資系通信会社でＢｔｏＢをメインとしたマーケティング担当として日本に製品を導入することや、広報部の責任者として企業の価値向上に努めてきたが、同じグローバル企業でも全く業界が異なる消費財メーカーへのチャレンジはどうなるのだろうかとレッドブルに入社当初は不安だらけだった。いまだに覚えているが、入社当日にスーツを着て登社した時に、完全に場違いだと思った。あまりにも全てが今までの常識を超えていて、一体自分はここで働けるだろうかと愕然としたことを鮮明に覚えている。

それは今から約13年前の２００７年にさかのぼるが、当初レッドブルというブランドについて私の周りのほとんどの人は知らず、そもそも入社自体を多くの人に止められるか、あるいは全くわからないので反応がなかった。それでもその業界と会社に入ろうと思ったのは、商品が1種類しかないながらも、新しい市場やブランドを創造することへのモチベーション、様々な分野でのマーケティング活動へのチャレンジや、そしてＦ１を含めたコアスポーツやアスリートを中心にブランドを日本に浸透させることができる可能性に共感を得たからだ。もともと私は好奇心旺盛、いわゆるミーハーで、さらにスポーツをしたり観戦したりすること、音楽ライブ鑑賞なども大好きである。レッドブルの前の職場はグローバルでNO．1企業ながら、日本というマーケットの特異性によりグローバル手法がなかなか浸透できず翻弄する日々だった。そんな経験も活かせるのではないかと思った次第だ。

設立間もない無名なブランドが、世界有数の飲料市場規模を持つ日本で、競合他社と熾烈な戦いを繰り広げながら、みんなに愛されるブランドになっていくためにチームで挑戦し、さらに業界を超えて何かを成し遂げられる、これ以上の機会はないと思い決断した。万が一ダメでも自分がチャレンジした分きっと何かが見えるだろうという気持ちで入社し、その後10年以上もそこで従事することになったのは、市場の変化のみならず、会社としてコアなシーンと正面から地道に向き合い、ファンが拡大していく瞬間を目の当たりにしたからだ。

レッドブルといえば、スポーツやカルチャーイベントを多数開催していることをご存知の方も多いだろう。なかでも本書で特に着目して語りたいのは、比較的知名度の低いスポーツ、とりわけエクストリームスポーツとのかかわりのなかでのマーケティングについてだ。

まだ競技人口もファンも少ないマイナースポーツを、レッドブルはこれまでも多く支え、共に育ってきた。既にメジャーなスポーツやタレントなどと一過性の取り組みを行うのではなく、**誰も振り向かなかったカルチャーをコミュニティごとサポートし、一歩踏み込んでかかわり続けてきたからこそ、レッドブル・ブランドは成長してきた**し、また同時に、例えば小さかったマイナースポーツがやがてオリンピック競技にまでなるという驚くべきシーンの発展さえも、一企業として、あるいは一マーケターとして、彼らと共に体験することができた。

マーケターというと、明日の売り上げを作るための短期的な視点での活動を課せられている人も多く、仕事に疑問を抱えるマーケターから質問や相談を受けることも多い。もちろん事業を成功させること＝明日の売り上げを作ることでもあるのだが、それ以上に本書では、より中長期的なビジョンを持つことで**〝シーン自体をつくっていく〟**、それが**企業やブランドの成長に繋がる**ということの大切さを説いてみたいと思っている。また、地道にファンを拡大していくことで市場創造していこうとする意思のあるマーケターたちが、自身で部門長や経営者と向き合い、企業自体のマインドシフトをしていこうとするその後押しに、本書が少しでも役立てばいいなと思っている。

表面的な付き合いではなく本質的にアスリートやファンと歩みを共にし、且つ、企業のビジョンや社会的意義を常に意識しながら、ブランド価値を高めていく。この哲学をもって、読者の皆さん、特にファンづくりやイベント開催に悩むマーケターの皆さんのマインドシフトへと繋がる、その一助となればうれしく思う。

加えて、キャリアとして全く違う分野への転向に悩んでいる人も多くいる。通信会社から飲料メーカーへという自分自身も悩んで選んだキャリア選択だったが、逆に言えば違う業界から来たからこそ影響を与えられたことも多く、意思やモチベーション、今まで積み上げてきた経験、ネットワークや個性がさらに強固なものになっていったことも伝えられたらと思っている。

はじめに

目次

第1部

ATHLETE × BRAND

第2部

第1部

ATHLETE × BRAND

本書は2部構成となっているが、第1部ではブランドとアスリート、特にマイナースポーツシーンを中心に、〝どうやってブランド価値を高めるか〟〝支援の実際〟〝イベントの主催や協賛〟〝イベントを通してのコミュニケーション〟、そして〝シーンやコミュニティのこれから〟と〝社会との接点〟ということを、私のこれまでの経験と考えを基に紹介していきたいと思う。

ATHLETE

第1章

ブランドのビジョンを見つめ直す

BRAND

ブランドが持つべきビジョン

本書では、アスリートやファンとのかかわりによってブランドを高めていく手法と哲学について掘り下げていくが、まずは**そもそもなんのためにブランド価値を高めるのか**を考え、**ブランドが掲げるビジョンを見つめ直す**ことから始めたい。

ブランド価値向上の目的を、単純にプロダクトの売り上げだけに設定してしまうと、短期的な目標に絡め取られてしまうことになる。単なる〝物売り〟として商品を売る、売れなくなったらまた新商品を売り出す、という繰り返しになってしまうことも多いだろう。

それを避けるために、ブランドとしてこうありたい、というビジョンが必要になる。

ブランドが持つべきビジョンとは、自分たちのブランドの世界観を世の中に共有し、ファンになってもらうことで、最終的に双方がハッピーになるというイメージを明確に提示するものであると思う。そうしたビジョンが見えないと、単に物を売り、買ってもらうだけの希薄な関係しか成り立たなくなってしまう。

消費者側に主体を置く「ブランドスローガン」

ブランドのビジョンは、ブランドスローガンとして現れる。これらは何よりも優先して大切にされるべきものだと考えている。

ブランドスローガンの掲げ方の一例を紹介しよう。

着目してほしいのは、スローガンの主体がどこに置かれているか、ということ。

環境問題に積極的に取り組むことで知られるアウトドアウェアブランドpatagoniaのコーポレートミッションでありブランドスローガンは「私たちは、故郷である地球を救うためにビジネスを営む。」というもの。主語は「私たち」であるものの、ここで重んじられているのは企業の利益ではなく「地球（環境）」である。彼らにとってビジネスは、

ブランドスローガンの好例

patagonia	私たちは、故郷である地球を救うためにビジネスを営む。
Red Bull	レッドブル 翼をさずける
TOWER RECORDS	NO MUSIC, NO LIFE.
NIKE	Just Do It.
渋谷区	ちがいを ちからに 変える街。渋谷区

商品を売るためだけではなく、地球を救うためにもあるのだという宣言がなされている。もちろん自社の利益追求を否定するというわけではないだろうが、ブランドが掲げるビジョンとして彼らが第一に選んだのは、利己ではなく利他。企業側ではなく（広い意味で）消費者側に主体を置いたスローガンだと言えるだろう。

そして御多分にもれずレッドブルのブランドスローガンにおいてもまた、目指すべきゴールの主人公には、ブランド自身ではなく、消費者が据えられている。

「レッドブル 翼をさずける」

ここで見据えているゴールは、レッドブルのプロダクトが売れることだけでなく、消費者がレッドブル・ブランドに背中を押されて、それぞれの目標を達成したり、夢に一歩近づいたりすることだ。

逆にスローガンの主体が消費者ではなく企業側にあったらどうなるか。端的に言うと、もしレッドブルのブランドスローガンが「レッドブル NO.1 エナジードリンクになる」だったとしたら、と想像すればいい。このスローガンに消費者がワクワクするわけもなく、親近感もない。ただプロダクトを売る企業として、消費の選択肢のひとつとして認識されるにすぎなくなるだろう。ブランドのメッセージが、消費者にとってどれだけ「自分ごと」として寄り添えるものなのか。それを意識してビジョンが掲げられるべきである。

レッドブルは「プロダクトを売りたい」のか。それとも、消費者やアスリート、アーティストたちに「翼をさずけたい」のか。私は、**レッドブルのファンになってくれる人たちに翼をさずけたいからプロダクトを売るのだ**、と考えた。**消費者やアスリートにどうやって貢献するかを考え、アウトプットしていくことで、結果的にプロダクトが売れる**のだと思う。そうしてブランドの価値は高まっていくのだろう。

ブランドスローガンの主体を生活者に置いた、自治体の例も見てみよう。私がレッドブル・ジャパンを退職後、主にかかわっているのが、渋谷区の外郭団体である一般社団法人 渋谷未来デザイン。これは、渋谷に集う多様な人々のアイデアや才能を集め、産官学民連携により社会課題解決と可能性をオープンイノベーションでデザインすることをミッションとした組織だ。

渋谷区は、その基本構想のなかで「ちがいを ちからに 変える街。渋谷区」という未来像を掲げている。自治体の場合は特に、スローガンの主体が住民側に置かれる場合が多いが、渋谷区の場合はそれに加えて、渋谷に集う人も含んだダイバーシティ&インクルージョンの見地が含まれている。

　多様性の意義を皆が理解し、お互いの「ちがい」を活かしてよりよい街や社会をつくっていこうという、シティプライドの醸成を促すメッセージ。つまりは渋谷に住む人、学ぶ人、働く人や訪れる人、皆が「自分ごと」として街をアップデートしていくというビジョンを提示していると言えるだろう。

人や社会、文化のなかにブランドは根差す

　つまり、ブランドが発信するメッセージ

全ての中心は社会と文化と、そして、人　©Dean Treml / Red Bull Content Pool

は独りよがりであってはならない。消費者、ひいては社会にとっての存在意義を考慮するべきだ。ブランドのビジョンは、社会との関係性を意識して設定されるべきものだと言える。

そこで私が、自社プロダクトと併せて大切にすべきだと考えているのが、**「シーン」**や**「コミュニティ」**である。それは言い換えれば社会や文化、人。プロダクトを売るためには、シーンやコミュニティづくりが重要。一見遠まわりに感じるかもしれないが、そのプロダクト自体をマーケティング思考の中心に据えるのではなく、**社会や文化、人といったものを中心に考える思考回路が、ブランドのビジョンを見据え、ブランド価値を向上させるために必要**であると思う。

「シーン」と「コミュニティ」の定義

本書では「シーン」と「コミュニティ」という、似た言葉を多用している。ここでそれぞれの言葉の、私なりの定義を整理しておこうと思う。人によってその解釈は様々だと思うが、あくまでも個人的な解釈として理解していただきたい。

例えば、ブレイクダンス（Breaking）の場合、「ブレイクダンスシーン」と言ったり、「ブレイクダンスコミュニティ」と言ったりすることがある。その違いは何なのか。私の定義はこうだ。「シーン」は、プレイヤーや仕掛け人、スタッフたちが中心となり、文化や価値観を醸成、発展させていく場。自分たちの文化の社会的地位や認知を向上させ、共に盛り上げていこうという共通の目的意識を持つものたちの枠組み。

対して「コミュニティ」というともう少しその範疇は広く、〝繋がりの場〟と定義することができる。それはプレイヤーとファンとの繋がりだけでなく、ファン同士の繋がりからなる集団もまた「コミュニティ」に含んでいいだろう。ブレイクダンスならブレイクダンスカルチャーをシーンとして、集まり、繋がり、価値を共有し楽しむ枠組みが「コミュニティ」であると解釈したい。カルチャーを盛り上げようとする〝共通の目的意識〟が「シーン」にはあるとすると、「コミュニティ」のなかでは皆共通して、〝そのカルチャーが好きという気持ち〟を持っている、と言えるだろう。

「シーン」をサポートすることの意義

ブランドのファンをつくるには、「シーン」や「コミュニティ」とのかかわりを通じて、そこにいる「人」に対して本質的にアプローチする必要がある。ではブランドとして「シーン」や「コミュニティ」にアプローチしていくには、具体的にどのようにして進めれば良いのか。その手段として**「イベント」**があるのだと私は考える。

レッドブルでは多くの場合、まず**「シーン」へアプローチをすることから始めた**。例えばそのスポーツの文化や風潮をかたちづくる起点となるコアな人たち、つまり**プレイヤーやキーパーソンたちにレッドブル・ブランドを好きになってもらい、彼らによる発信から、あるいは彼らの言動から、ブランドラブをコミュニティ全体へと波及させていく**。

一歩踏み込んで真摯にサポートするブランドとシーンとの固い繋がり、あるいはシーンからブランドへの感謝の気持ちを、コミュニティが察知して汲み取る。すると今度はコミュニティのなかに「いつもシーンをサポートしてくれてありがとう」というブランドラブが醸成される。

そうしてレッドブルは、様々なシーンやコミュニティとの良好な信頼関係を築き上げてきた。

これと決めたシーンに敬意を払い、大切にサポートし続けることは、ブランドにとって圧倒的なファンをつくっていくのに欠かせないことなのだ。

では、シーンをサポートしていくひとつのかたちとして、「イベント」をどのように運営すべきなのか。次の項ではそれをいくつかの具体例と共に見ていこう。

イベント運営においてのブランドの理想的なかかわり方

シーンからヒーローやヒロインが生み出されていくプラットフォームに、イベントがある。

レッドブルには、Red Bull Air Race（飛行機によるモータースポーツ競技）、Red Bull X-Fighters（フリースタイルモトクロス）、Red Bull BC One（ブレイクダンス）、Red Bull Circle of Balance（BMXフラットランド）といったグローバルで展開するイベントや、Red Bull 白龍走（ランニング）、Red Bull Holy Ride（MTBダウンヒル）、Red Bull Batting Mania（ベースボール）、Red Bull Music Festival Tokyo（音楽）などローカルで展開するイベント、アスリートやアーティストとのプロジェクトがある

そこへブランドがサポートに入るということはつまり、シーンにとっての神聖な場に事業会社が入り込んでいくということだ。企業によってスポンサードされたイベントには、そのブランドの、シーンとの付き合い方の姿勢が現れると言っていい。

レッドブルでは多くのイベントを運営していたが、それぞれのイベントをブランド化していたことが特徴だったと思う。それぞれのシーンにおいて「このイベントに出たい」「このイベントに出るために一生懸命練習してきた」と言われるような存在になるための、各シーンへの敬意のようなものだったのだろう。いずれも「Red Bull」と冠は付くものの、主となるイベントタイトルは「Air Race」「X-Fighters」「BC One」といった、シーンに根差した言葉で名付けられていた。それは、アスリートたちが目指すもの、頂点にあるものとして「Red Bull」が居座るのではなく、「Air Race」なり「X-Fighters」なりといったアイコニックなイメージが存在することのほうが、シーンの隆盛において意義があるとの想いからだったのではないかと思うのだ。

また、例えば「Air Race」と「BC One」と「Music Festival」、それぞれのイベントに紐づくファン層は全く違う。だからブランド側も、それぞれのシーンやコミュニティとの付き合い方、敬意のかたちを変えていく必要がある。

しかしその反面、多様なイベントを運営しながらも、レッドブルのイベントにおいてブランドとしての一貫性を感じさせることもまた重要視していた。全くタイプの違うイベントを開催していてもおかしく見えなかったのは、共通してそこにレッドブル・ブランドとしてのポリシーをきちんと反映させておくことができたからだろう。

そのポリシーとは、イベント自体がどれもエクストリームで、オリジナリティが高いということ。それはレッドブルのDNAと呼んでもいい、根幹的な価値観に基づくものだ。

各イベントには、レッドブルが描く、自身のブランドキャラクターが潜在的に埋め込まれていた。

——人と違う、とんがっていて、独自性がある。

——カッコいい部分とお茶目な部分の二面を併せ持つ。絶

(左)Red Bull Air Race(右)Red Bull BC One
©Predrag Vuckovic / Jason Halayko / Red Bull Content Pool

妙なバランスとタイミングでそれを表出させる。
――ホンモノを突き詰める。そのためのチャレンジを続ける。
など、実はほかにもあるのだが、最終的にはそれがレッドブルらしさ、レッドブルっぽさとしてつながっていく。

そうした意識のもと、イベントに参加した人たちはもちろん、アスリートもスタッフも、皆がレッドブルワールドを楽しみ、一体になれるよう心がけることにもまた徹底した。そのような雰囲気づくりも重要な要素である。

そしてなにより、どのイベントも「翼をさずける」という共通のキーメッセージに根ざしていたということが、各イベントにおいて一貫したブランドを感じさせる最大の要因だろう。例えば「Red Bull Air Race」の日本大会において、日本人トップパイロット・室屋義秀選手が優勝し、ヒーローになること、つまり**室屋選手に「翼をさずける」ということが、そこに集まった観客やスタッフにとっても共通のゴールとなり、一体感を創出する。**

どのイベントにおいても共通して、「翼をさずける」ことが目標に据えられているのだから、当然どのイベントからも、レッドブルのブランドメッセージが常に感じられることになる。

ブランドがシーンを支える手段

企業がシーンをサポートする方法はもちろん、イベントを開催することだけではない。ここではいくつかのかたちを順に見てみよう。

アスリート自身をサポートする

アスリートの多くは日々の練習にもコストがかかり、また競技以外での収入源を得ようとすると練習時間が減ってしまうなどの都合があり（規模の小さなスポーツであればあるほど如実）、スポンサー企業の存在は必要不可欠だ。

しかし企業側の視点に立つと、サポートをするアスリート

（左）レッドブルがサポートするアスリート・畠山紗英選手（BMX）、（右）ボンちゃん（高橋正人選手／eスポーツ）
©Kunihisa Kobayashi / Hadrien Picard / Red Bull Content Pool

を選ぶことについては強いこだわりを持って臨むべきである。
このことについては後に詳しく述べることにする。

■チームスポンサーになる

チーム全体のスポンサーになることで、個人ではなくチームの活動を支えることができるが、やはり留意すべきは、ブランドの露出の仕方、またそれをチームの活動とどう連動させるかである。多少ロゴを露出しただけでは、ブランドの圧倒的なファンを獲得するという意味では効果が得られにくい。やるならばこだわりをもってロゴ露出のデザイン工程にも入り込み、十分な露出を図るべきだ。これは、複数のアスリートをサポートしチーム全体の活動と連携できるチャンスであり、また、サポートの仕方においてもブランドとしてそれをうまく活かす工夫を考えるチャンスでもある。チームにある有効活用できるアセットが何かを考えてみることをお勧めす

ただ車体にロゴを掲出するだけでなく、デザインにもブランドとしてのこだわりを持つことが重要

る。さらにチーム単体のみならず、協会全体のスポンサーになるという選択肢もある。

ブース出店やブランドツールでイベントを盛り上げる

イベントにブース出店をする場合にも、ブランディングの仕方にはこだわりを持つべきだ。レッドブルでは「レッドブルは音楽イベントによく協賛してますよね」と言われることも多かった。しかし実際は、音楽などのイベントに対していわゆる協賛をするようなことはそこまで多くなかった。彼らが何を見てそう言っているかというと、レッドブルのブース出店やツール提供の様子を見て、あたかも大型協賛メニューとして大々的にブランド訴求をしているかのような印象を持っているのだ。

スポーツイベント(FISE)でのレッドブルのブランディング ©ZETA, Inc.

音楽イベントなどにおけるレッドブルのブランディングには、手法的なこだわりがある。それは、いわゆるバナーなどでのロゴ掲出は行わず、現地で使う〝ツール〟として、ブランデッドのものを作ってしまい、持ち込む、というやり方。例えば、屋外フェスのお客さんが暑い日差しを避けるためのパラソルなど、**実用的なものにブランディングを施し、会場内に設置することで、ユーザーとの距離が近くなり、彼らにとっても実用上のメリットをもたらすことができ、ブランドが浸透していくことに繋がる。**単なる告知物としてブランディングを施すのではなく、実用的なツール、しかもオリジナルのカッコいいものを作ってしまうというところにこだわることで、よりブランドの訴求ができ、またイベントの盛り上がり自体にも貢献することができる。

■主催イベント×アーティスト

音楽アーティストとのコラボレーションによって、イベントと音楽シーンの双方を盛り上げていく手法も紹介しておく。

「Red Bull Box Cart Race」は、手製のクルマで坂道を下り、その独創性とタイムを競うというレッドブル独自のコンテンツ。これはその「Red Bull Box Cart Race」に、人気バンドUVERworldのメンバーに参戦してもらった事例だ。ブランドとして彼らのフィールドに入っていくこと、つまりレコーディングやミュージックビデオ、ライブなどをサポートしたりといったことも大事だが、ここでは、彼らを**レッドブルのフィールドへ引き込む**というかたちをとっている。ライブといったアウェイな環境ではブランドの世界観は十分に表現しきれないことも多いが、ブランド側のフィールドにアーティストを引き込むことによって、彼らの姿を通じて音楽シーンに対してブランドの世界観を十分に見せることができる。ひいてはそれが、アーティストのファンたちが彼らの魅力をさらに感じること、シーンが盛り上がることに繋がれば、互いにとってのミッションは達成となる。

ちなみにこのときUVERworldには、イベントのテーマソングを書き下ろしてもらうという施策も行っている。**こうしてひとつのチャンスに対して様々な角度から取り組むことで、効果を最大化**しようという視点もまた重要だ。

ダンサー、歌手、エンターテイナーとして誰からも認められる存在である三浦大知さんとのコラボレーションも一生忘れられない事例となった。日本で二回目となる２０１６年の「Red Bull BC One World Final」は名古屋を舞台に開催されることに決まった。渋谷区で開催された第一回目の２０１０年当初よりブランドも成長しイベントの価値も高まっていたが、グローバルイベントのため我々に期待される要素も多く、東京ではなく名古屋という地域での開催ということともあり、重いプレッシャーがのしかかる。また、このプロジェクトを通じてより多くの人にリーチしブランド体験をしてもらいたい、営業的にもインパクトを作りたいといった社内の要望もあり、アスリートだけでなく新しいアンバサダーが必要とされていた。その選定では広い視点で推薦してもらうことを重視して、社内よりも外部からの意見を広く募り、やがて三浦大知さんとの取り組みが決まっていった。

もちろん私もライブに足を運んだり、レーベルやマネジメントの方とコミュニケーションを重ねたのだが、実際にライブを体感して彼の歌唱力とダンスの上手さに驚愕した。ライブ終了後、楽屋で挨拶をさせていただき、待っているゲストの皆さんにきちんと笑顔で対応しお礼を言っているその人柄にも惹かれ、私はすぐさまチームにそれをフィードバックした。

「Red Bull BC One」のテーマソングとして三浦大知さんと共同制作したミュージックビデオ『(RE)PLAY』(『(RE)PLAY』ミュージックビデオより)

そこから具体的な提案をし続け、最終的には今までにないような本物のダンスをベースにしたミュージックビデオをつくり、さらにその曲をTVCMなどに展開することになった。ミュージックビデオ制作では我々が中心となって国内外のトップダンサーと交渉することから始まり、ブレイクダンスのシーンから見ても本当にかっこいいと思ってもらえる内容を目指した。やがて参加メンバーが皆楽しみ、そこに三浦大知さんの想いがこもり、チーム一丸となってつくり上げたビデオ『(RE)PLAY』を最初に見たときには震えが起きた。この本物のダンサーたちによるミュージックビデオは今や2000万回以上の再生回数にまで達している。

実際のイベント当日にはバトルイベントの解説者として三浦さんに参加してもらい、ステージでも挨拶してもらったが、あのときの大きな歓声も忘れられない。その後さらに彼の人気は高まり、今では国民的スターのひとりとして認知され、遂に2017年には紅白歌合戦にも出場した。なんだか多少なりとも一緒に成長したような気分になったのは私だけではなかったと思う。

音楽アーティストとの事例をもうひとつ挙げると、こちらも今やとても高い認知度と熱狂的なファンを抱えるONE OK ROCKとレッドブルの関係値は、彼らが現在ほどのビッグバンドになる以前の時代にまで遡ることができる。無名とは言わないが現在よりもまだ活動規模が小さな頃で、これから全世界に活動を広げるといったタイミングであり、レッドブルのライブイベントに出演してもらうなど長期的なスパンで関係を続け、一緒にブランドを広げることができたらという想いで取り組みをスタートさせた。日本オリジナルのイベントに初のアンバサダーとして出演してもらうに至るまで、何度もライブに足を運び、アーティストとも対話し、マネジメント側と直接議論を続けたことを思い出す。**一過性の付き合いで済ませるのではなく、きちんと向き合い永きにわたって共に歩む意思**が大切であることは、音楽アーティストもアスリートも同じだと思う。

アーティストとの契約は、アスリート契約とは異なるかたちで行っているケースが多いので、あまり契約に縛られず、互いに成長しあえる環境を目指してコラボレーションすることが多かった。こうなると、信頼関係がとても大事で、きちんとした目的を持って活動することが重要だと思える。

シーンとの対話

多くのストリートスポーツは、その発端は単純な好奇心に則ったチャレンジだったのだろうと思う。世界で最初のスノーボーダーは、板切れに乗ってパウダースノーの上を滑走してみようと〝やってみた〟だけだったかもしれないし、スケートボードにしても板に車輪をつけたら面白いんじゃないか、と〝やってみた〟ことが発端だったかもしれない。とにかくストリートスポーツというのは、チャレンジ精神があらゆるかたちで常に感じられるものだ。

　レッドブルとこれらのカルチャーとのかかわりのルーツを辿るとやはり、そのチャレンジ精神とブランドとの親和性から、まだ小さなシーンだったそれらのスポーツをサポートすることか

ストリートスポーツの精神性には根本的にチャレンジングスピリッツがあり、レッドブルはそこに親和性を感じサポートがスタート（鬼塚 雅選手／スノーボーダー）
©Aaron Blatt / Red Bull Content Pool

ら始まっている。

マイノリティの立場からシーンを少しでも大きくしていこうと奮闘するストリートスポーツのアスリートたちは、往々にしてこだわりや哲学を強く持ち、一筋縄ではいかないというような人物が多いのも確かだ。例えばメジャーなスポーツ、野球やサッカーなどの選手で、マネージャーがついているような人と協業するのはどれだけ楽だろうと思うこともある。しかし、自分たちのシーンを大きくしていこうという気持ちを強く持ったアスリートたちと、真剣に向き合えばこそ得られるものがあるはずだ。大切なのはそこにある熱量の込もった意見を尊重し、互いにとっていいかたちのアウトプットへ繋げることである。

そこで肝となるのは、そうやってそれぞれのシーンの〝熱量〟と向き合える人、**つまりシーンからの信頼と知識を持った人物がブランドの中や近くにいるか**、ということ。そうした人材を見つけてくるか、担当者が信頼と知識を得ていくことが必要だ。

表面的で一過性の取り組みを行う現場において、アスリートやアーティストにとっては代理店とのビジネス的なやりとりばかりで、なかにはアスリートが企業の人に会ったことがないというようなことさえもあるだろう。あるいは会っていたとしても企業の役職のある立場の人が現場を訪れ、形式上の握手をして帰るだけで、アスリートたちの印象には何も残らない、というような状況はきっとよくあり、耳が痛いという人も多いことと思う。

シーンからの信頼を得るために私がやることは、やはりシンプルに、現場に足を運ぶことである。競技を見る。ライブを見る。そして機会をみてアスリートやアーティストたちと直接話すことが大事だ。シーンのキーパーソンとも話す。互いに一緒に何かを動かしていけるのか、自分の目と耳で確認する。そして信頼関係を築くことが大切。

ブランドと言っても、現場レベルではそこにいるのは人である。シーンとの信頼関係構築においては特に、結局は人、なのだと強く感じる。この人に言えば何かやってくれると互いに思えるような繋がりをつくることが、ブランドがシーンと共に歩むための絶対条件であるだろう。

もし担当者レベルでそれが難しいのであれば、それができるコミュニケーターをシーンから見つけだし、ブランド側に立ってもらうのでもいい。シーン側とブランド側、互いに話して、納得し、双方が意見を言い合える関係をつくることがなにより大事である。

共に歩むアスリートを選ぶこと

前項までは、アスリートを支えるためにブランドはどうあるべきか、について語ってきたが、逆にブランドが支えるアスリートはどんな人物であるべきなのか。つまりブランドにとってのアスリート選びについてここでは語ってみたい。

アスリートはブランドを体現するためのアンバサダー。ブランド大使である。彼らがどういう言葉を発するか、何をするか、その一挙手一投足に気を配らなければならない。ブランドのキャラクターとそぐわない言動があってはブランドイメージに悪影響を与えてしまうからこそ、歩みを共にするアスリートはブランドのキャラクターにフィットしていることがとにかく大切だ。

ブランドのフィロソフィーやビジョンにフィットしないアスリートは、いくら人気や実力があってもとらない、というこだわりを持っておくべきだと思う。意図しないブランドイメージを流布する可能性がある以上、**その人気が高ければ高いほど、ブランドにとってはリスクであると考えていい。**

また、自社商品を好きなのか、そうでないのかというのは、意外かもしれないが重要な要素。言動や態度の端々に、好きな気持ちやそうでない気持ちは無意識にも表れてしまうものだ。

アスリートはタレントではない、ということを忘れてはいけない。タレントなら、スポンサー企業のメッセージを代弁することは本職の内と言っても過言ではないだろうが、アスリートの本職はあくまでも自身の本来のフィールドであるスポーツにおいてその力や技術に磨きをかけ続けることである。ブランドとの取り組みに対する意識が、タレントのそれとは根本的に違っていることは、決して責められるべきことではないし、またブランド側があらかじめそれを理解した上で付き合っていくべきことだと思っている。

もちろんショットのＣＭ契約など、一過性で済ませるのならばディレクションによってまかないきれる部分が多いのだろうが、根気よく付き合い、共に成長しようという意識のもとでアスリートたちとかかわろうとするならば、やはり本当にブランドにフィットするキャラクター、感性、価値観の持ち主なのかということが、アスリートを選ぶ上で一番大切な判断基準となる。

アスリートの側から見れば、競技でより高みを目指すには企業のサポートが必要。企業はそうしてアスリートが競技に打ち込む姿や、それをサポートするブランドのあり方を見せることでブランド価値を高めていく。互いにミッションは違うのだが、合致するポイント、つまり互いに自分を偽らずにいられる付き合い方があるはずで、それを共に模索できる人を探すのが、理想のアスリート探しだと言えるだろう。

その人気や流行、短期的なメリットに左右されず、しっかり〝人〟を見る視点を常に持っていることが、マーケターや担当者にとっては実に重要なことなのである。これは企業が人を採用することと同じ理論とも言える。

そして見極めたら、コミュニケーションをとる。前述のとおり、直接たくさん話し、十分なコミュニケーションによってブランドを理解してもらうことが必要だ。

また、晴れてサポート契約に至ったのちにもそれは継続し、彼らの自然な言葉や態度でブランドの魅力が世間に向かって体現されるよう、企業が運営するイベントに招待したり、全社員が集う集会に招いたりと、常に密な関係を維持し企業やブランドを理解し続けてもらうことを心がけていたい。

アスリートを〝主役〟にするために、ブランドが機会をつくれるか？

シーンと組んでブランド価値を高めていく工程において、土台となる信頼関係がつくれたら、次は、アスリートたちをどれだけ〝主役〟にできるか、という視点が大事だと私は思っている。〝主

役〟になれるその機会を、ブランドが作ってあげることができるかどうか。

取り組みにおいてブランドを体現し、メッセージを発してくれるのはほかでもない、アスリートたちだ。取り組みの効果は、彼らがどれだけブランドの魅力を体現し伝えてくれるかにかかっている。その効力を高めるためにブランド側ができることは、彼らの価値自体を高めることだ。

具体的には、彼らが普段できないようなこと、且つ、彼らが〝主役〟として輝けるような場を作ってあげることがそれにあたる。レッドブルが開催するブレイクダンスバトルのグローバルな大会「Red Bull BC One」がその好例だ。

ブレイクダンスはそもそもストリートで行われていた（当初は〝競技〟ですらなかった）もので、近年でも大きな大会というのはほとんどなかったのが実情だった。レッドブルはブレイクダンスシーンをサポートし続けるなかで、大々的な世界大会という舞台を用意した。世界大会に優勝したともなれば、その選手のもとへ地上波テレビをはじめたくさんのメディアが取材に押しかけ、彼はそのシーンにおいてスター選手になることができる。本人はそれを機にまたアスリートとして次の目標を意欲的に目指すだろうし、また派生して仕事やスポンサー契約に繋がることもあるだろう。そしてそれを見ていたほかのアスリートたちの心には「この大会で優勝したい」という目標と熱量を生むことができるはずだ。それはシーンを活性化させることにほかならない。当然コミュニティやファン層の拡大にも繋がるだろう。また、もちろんのこと、大会を通じてブランドのメッセージと認知は、コミュニティ全体により深く浸透することになる。当時、あるアスリートからブレイクダンス一本で、プロアスリートとして生活できるように自分は頑張りたいと何度も言われたことがあったのを思い出す。

つまり、〝主役〟としてアスリートが輝ける場をつくることは、ブランドにとっても、シーンやコミュニティにとってもエンゲージメントが高まっていくと言える。

ブレイクダンスにおいてはもうひとつ好例を挙げることができる。

２０１０年にスタートし、以降世界各国を席巻、来日公演としては２０１２年に行われた「Red Bull Flying Bach（レッドブル・フライング・バッハ）」というプロジェクトだ。バッハの音楽とブレイクダンスが融合したこの公演は、ドイツのブレイクダンスチーム「Flying Steps」によるものだが、レッドブルは彼らの活動をそれ以前に10年にわたってサポートし続け、その集大成としての作品がこれだ。ストリートで生まれたブレイクダンスが、世界各国の、ときには荘厳な劇場などで披露され、喝采を浴びた。ストリートでは絶対に叶えられなかった状況を、ブランドのサポートによって実現することで、シーンとブランドは共に、これまでにない全く新しい1ページをその歴史に刻むことができた。

詳しくは第3章で紹介するが、「Red Bull Air Race」の日本人パイロット・室屋義秀選手との取り組みにおいても同じことが言える。おそらく「Red Bull Air Race」がなければ室屋選手は現在ほどの認知や人気を獲得することはできなかったと思う。共に歩んだ大会での活躍を通じて、彼が様々な人から尊敬を集めるようになっていった実感がある。アスリートが〝主役〟として輝ける場を作っていくことの価値を一番近くで目の当たりにした好例だった。

シーンを根気強くサポートし、アスリートが輝くために懸命に取り組む。そうして共に成長していくという感覚が大切である。

小さなシーンを支えられる企業へと変化するために

アスリートが輝けるような〝場〟ごとつくるというのは、もちろん簡単なことではない。メジャーなスポーツではなおのこと、というよりも、既に巨大なマーケットのあるメジャースポーツのフィールドにおいては、一ブランドが新たな、且つ、センセーショナルな〝場〟をつくるのは、よほどの資金力がなければ成し得ないことだろう。

小さなシーンを支えていくことのメリットは、もちろんここにもある。

大会などの〝場〟をつくるような大袈裟な話に限らず、大きなシーンでは既に様々なブランドの取り組みが行き交い、各々のブランドがシーンのために（転じてブランドのために）できることは少ない。逆に考えれば、**小さなシーンでは可能性やチャンスが多い**と言えるだろう。貢献できることの多いシーンと向き合い、彼らを支えていくことは、ブランドにとっては大きなチャンスだと私は思っている。さらに、小さなシーンにおいては他のシーンとの繋がりも強いことが多く、連動してイベントを開催することも多々ある。最近の事例で言えばアーバンスポーツはそのジャンルに入る。ひとつのきっかけから、複数のシーンとの繋がりへと広がる波及効果も鑑みていくことも大事である。

もちろん、根気は必要ではある。一ブランドの力で大きな貢献ができるようなスポーツは、言うなれば世間的な注目は少ないはずだ。短期的な結果も継続的に出さなければならない経営者の視点で考えれば、「そのシーンにアピールしていったいどれだけプロダクトが売れるんだ?」と一蹴されてしまうかもしれない。

短期的な目標達成の必要性に縛られることなく、**根気強くシーンを支え続けるためには、それを企業のミッションととらえることが必要**になる。もしあなたが短期的な結果ばかりを求められるマーケターや職員であるなら、目の前の達成すべき目標設定を変えるというよりも、企業のミッション自体、あるいはその理念とどうリンクさせるか、どう解釈できるようにするかというアクションを起こすことを念頭に置くべきだろう。

理想的なブランド・スローガンが消費者や社会の側に立って設定されるべきものであったように、日々の仕事のゴールを短期的な視点のKPIに求めるのではなく、企業としてどんな存在意義を社会に提示できるのかということを指針に活動できるよう、その意識を高く持ち、ときには経営者と向き合い、常に可能性を探ることが大切なのだと思う。実は意外にも、企業のミッションやビジョンをきちんと語れない社員も多いので、社員にそれらをしっかり浸透させるのもブランド企業として大事なアクションである。

ATHLETE

第2章

アスリートと組んで
ブランド価値を高める

BRAND

なぜアスリートと組むのか

この章では、ブランド価値を高めていくにあたって、なぜアスリートと組むのか、その私なりの考えをもう少し子細に語ってみようと思う。

アスリートというのは皆、自分の目標に向かってチャレンジしているというのが基本的な姿勢だろうと思う。大会での優勝や表彰台を目指したり、超えるべき壁に挑んだり、あるいはシーンで唯一無二の存在になることを目指したり。つまり企業と組んで広告・広報活動に協力することが本職というわけではないということは、あらためて留意しておいていいだろう。ただ、目標達成を目指してチャレンジし続けているという点では、それが企業のメッセージにそぐう場合には、その表現のかたちとしてとても相性の良い存在であることも確かだ。

やはり大切なのは、**企業やブランドとの高い親和性があるかどうか。何かしら共にシェアできるゴールが設定できるかどうか。また、長期的に歩みを共にすることができるかどうか**、ということである。

もちろんこれはアスリート側だけの問題ではない。親和性という意味において、アスリートの活躍に本気で喜ぶことができる、壁に当たったときには本気でつらさを共有できる人が企業側にいるということもまた重要なことだ。

その点、タレントは広告やコンテンツに起用されること自体が本職のひとつであるがゆえに、逆にそのような関係性を長期にわたって構築していくのは比較的難しいように感じる。

シーン全体をサポートするか、アスリート個人につくか

企業のスポーツとのかかわり方でいうと、スポーツイベントをサポートするかたちも多い。これはアスリート個人だけでなく、シーン全体をもブランドがサポートするという組み方のひとつだ。

ここで、競技大会やシーン全体をサポートすることのメリットをまとめてみよう。

①リーチできる場を増やせる

アスリートひとりを媒介にすると、彼／彼女を通じてブランドがコミットできる消費者の数はもちろん少ない。競技全体をサポートすることで、シーンを作っている人々や観客全体にリーチすることができ、また、自身のブランドがサポートしていないアスリートとも信頼関係の構築を図ることができる。

もし、そのうちの特定のアスリート個人もサポートしている場合には、個人と全体へのかかわりを両軸で進めることによって、ひとりのアスリートからシーン、観客へと波及していく効果をより高めていくことができる。

②ストーリーの幅が広がる

個人と全体の両軸でサポートすることのメリットには、コンテンツの作り方やコミュニケーションの仕方が広がるということもある。個人のストーリーも日々生まれるだろうし、裏で支えるシーン全体のストーリーに着目してコンテンツを作っていくこともできる。

③個人が競技や戦線を離脱した場合のリスクヘッジになる

多少ネガティブな発想ではあるが、アスリートにとっては怪我や体力などによって第一線から離れざるを得ないという事態は、常に隣り合わせである。特定のアスリートをサポートする場合、もしそのアスリートが怪我で戦線を離脱してしまったら、それ以上ブランドのメッセージを体現してもらうことは難しくなってしまう（怪我からの復帰を追うチャレンジストーリーを紡いでいくという手法ももちろん考えられるだろうが）。シーン全体をサポートすることで、そのリスクは避けられると言える。

④個人ではサポートしづらい場合もある

これはシーン全体ではなくチーム全体という単位の話になるが、チームスポーツの場合は、アスリート個人を追ってストーリーをつくっていくことが難しい場合もある。その目標設定が個人の活躍にではなくチームへの貢献に置かれているような場合には特に。その点、チームであれば到達すべき共通の目標を持った集団である以上、ブランドと歩みを共にしていくことは比較的容易になるだろう。

アスリートとブランドの「フィット」が重要

スポーツへのサポートによってブランディングをしていくことに向いている事業と、そうでない事業がある。また、取り組みによってアスリートにも（報酬以外に）メリットを生み出せることにも留意したい。

本来であればアスリートが「こういうブランドと組みたい」と思っていて、それに対してブランドがマッチングされるのが一番の理想形ではある。その意味でスポーツ用品ブランドなどは、競技においてより実践的なサポート（特注のギアを製作、提供するなど）も想定でき、互いにとっての良いかたちを模索しやすい、好例と言えるだろう。

しかしアスリートを活用したいと考えるのはスポーツ用品ブランドだけに限ったことではない。では自社製品が直接的にスポーツと結びつかない場合にはどのようなことに留意するべきか。それは、ブランドが掲げるメッセージの精度であると私は思う。

アスリートを通じてブランドや企業の精神を見せていこうというとき、そのメッセージが具体的なビジョンとして定まっていない場合には、あまり効果的な取り組みにはなりづらい。とりあえず有名な選手だからということだけで始めてしまうと、お互いにとって消化不良の状態に陥ってしまうだろうと思う。取り組みに際してはブランド側で**どんなメッセージを届けたいのかをしっかりと定めておく**必要がある。

メッセージの定め方として、商品としてのメッセージを訴求するのか、企業としてのメッセージを訴求していくのか、という選択肢はあるものの、例えばドリンクならドリンクの、時計なら時計の、ゲームならゲームの、それぞれが発するべきメッセージがあるはずだ。それは企業としても同様で、具体的なビジョンを描き出して、それをアスリートの姿に重ね、ビジュアライズしていくことが大切である。

レッドブルの場合は「挑戦」をキーワードに、アスリートと共にブランドを訴求していくこととなった。「翼をさずける」のは必ずいつも、挑戦する者に対してであるからだ。

またこの「挑戦」「翼をさずける」は、大物アスリートではなく発展途上の選手をサポートすること、あるいは発展途上のシーンをサポートすることにも繋がっている。

第1章でも触れたがいずれにしろ「カルチャーフィット」しているか否かが、取り組みにおいてアスリートとブランド、両者にとって肝要となる。アスリートのキャラクターと、ブランドのキャラクターやメッセージが合致するか。訴求したい商品がアスリート自身の嗜好に合っているか。これがしっかりと合わない場合には結果的に事故に繋がりやすい。

例えばドリンクの場合には、普段飲まない人に無理やり飲ませても、それが自然な場であればあるほど、表情や態度に無理やり感が出てしまうもの。またブランドにとっては、自社商品をより自然に、「いつも飲んでます」という雰囲気で飲んで（メディアに露出されて）ほしいものだ。特に口にするものは嘘がつきにくい。

また経験談としてレッドブル時代には、アスリートにレッドブル缶を持ってもらったがプルタブが開いていなかったり、発言のなかに「僕普段エナジードリンク飲まないんですけどね」とポロッと出てしまったりという失敗もあった。

そのためやはり、本当に自社商品を好きでいてくれるアスリートを起用するのが大切だ。もちろん、協業を機に好きになってもらうのでも構わないが、必ず事前にきちんとコミュニケーションをとり、ブランドへの理解と共にあらかじめブランドのファンになってもらうことが大前提だ。

カルチャーフィットするアスリートの見つけ方

では、ブランドとカルチャーフィットするアスリートをどのように見つけるか。

例えば先日こんな話を聞いた。

香川県と、ポケモンのキャラクター〝ヤドン〟のコラボレーション「うどん県×ヤドン『ヤドンパラダイス』」という企画が実現したのだが、ことの発端は自治体側の担当者の熱量であったという。〝ヤドン〟が大好きだった担当者（多少推測も入っているが）は、名前の響きが〝うどん〟と近いことに気づき、〝うどん県〟がヤドンとコラボする魅力と、ヤドン愛を猛アピール。ポケモン側も「そんなに好きでいてくれるなら」と企画は実現へ向けて動き出したのだそう。結局は人と人。熱意が大事なのだとわかるエピソードだ。

企業とアスリートのあり方においても同じこと。**マーケターが足繁くスポーツの現場に足を運び、熱意を持って共感できるアスリートを探すことが第一歩だ。**代理店にラインアップを出してもらい、確認せずにそこから選ぶという方法ではなく、ブランドに合っているか合っていないかという判断を、自分の目で見てするべきだ。

自分でアンテナを張り、現場に赴くこと。そしていろんな話を関係者などから聞けるルートを作るというアクティブさを持つことが、自ブランドにフィットし、且つ、ブランドを好きになってもらえるアスリートに出会うための近道なのではないだろうか。これも時間がかかると言われてしまうと元も子もないが、消費者を自分の目で確認することと同じくらい大事な活動であると思っている。

私ももちろん、あらゆるアスリートや関係者と直接話せるルートを全て持っているというわけではない。しかし「この人にアクセスしたいが、どうしたらいいか」と〝相談できるルート〟は、おそらくこの本を読むマーケターや担当者ならば持っておくべきだろうと思う。それは時に代理店経由かもしれないし、メディア関係者経由かもしれないし、現場にいる人経由なのかもしれないが、ケースバイケースで適任と思える人に相談し、目当ての誰かへ人伝いにアクセスできるよう、日頃から広く信頼関係を築くことが重要だと私は思う。

またそうした、人へのアクセスの選択肢を広く持つことと、なによりもまず、行動を起こすことは、マーケター以外の職種においても大切にされるべきことであるはずだ。

アスリートとの息の長い付き合い方

本書においてこの指摘は何度も出てくるが、アスリートとの取り組みにおいては特に、**短期的なKPI（Key Performance Indicator）を持って行動するとうまくいかないことが多い**。例えば、自ブランドがサポートするアスリートが、とあるイベントに出場した際、「それがメディアでどれだけ露出できたのか」という視点だけで評価することは、アスリートを長くサポートしていくということにおいては危険なＫＰＩ設定だと言える。タレントなどと違い、勝負の世界にいれば勝つときもあれば負けるときもあるのは当然であり、結果が芳しくなければもちろん露出は少ない。あるいは怪我をして出場がかなわないということもあるだろうし、当日の他のニュースとの競合でメディアに取り上げられづらいということも起こるはず。そうしたことに意識を向けなければならない。

その時々のメディア露出という短期的なＫＰＩのみに気を取られずに、プロジェクトとしてどのようにして指針を保つのか。私が思う答えは、**自分たちでどれだけコンテンツをつくっていけるか**を考えることだ。アスリートと向き合い、ストーリーを見出し、それを体現するコンテンツを通してブランドのメッセージを訴求していく。息の長いストーリーを考えていけることは、アスリートの一番の活用ポイントだ。

イベントや試合当日だけでなく、その前にどれだけのアスリートの努力やストーリーがあったのか。そして当日、さらには試合後にもストーリーは拾い上げることができるだろう。その際、例えば年間を通じてなど、アスリートとの活動内容とコミュニケーションプランを、長期的な視点で事前にしっかりと組んでおくことが必要となる。

長期的にプランしておくと、例えば選手のグローバルな活動に合わせてブランド側も動けたりもするだろうし、地元での細かな活動にも対応していくことができるだろう。こうして時期

シーンでは天才と呼ばれ、彼が10代の頃から長きに渡り見つめてきた角野友基選手（スノーボード）。幾多のトラブルにも見舞われたが現在でもそれらを乗り越え活躍する姿は頼もしい
©Daniel Milchev / Red Bull Content Pool

的な意味だけでなく、場所的な意味においても幅広くストーリーを見出し続けることが可能になる。

そのほか、どういった思考法でコンテンツづくりの可能性を模索していけばいいのかについては、後にさらに詳述したいと思う。

怪我をしたアスリートとの、ストーリーのつくり方

アスリートには怪我は付き物だ。

アスリートのそうしたアクシデントについて思うとき、必ず脳裏をよぎるのは、かつてレッドブル・ブランドとして行動を共にしたフリースタイルモトクロス（ＦＭＸ）の佐藤英吾選手のこと。彼は練習中の不慮の事故により、命を落としてしまうのだが、そのことについて触れるのは、この本ではもう少し先になる。ここでは彼が生前、スペインで行われる世界大会出場直前に怪我を負ってしまい、出場を断念せざるを得なかったときの出来事を紹介したい。

いくつかのメディアにコミュニケーションをとり、スペインでのその世界大会は日本からの注目度も高い状態にあった。しかし日本人出場選手は彼のほかに誰もおらず、佐藤選手の怪我、欠

場により、日本人出場者はいなくなってしまった。するとメディアの興味は当然冷めてしまう。このままではメディア露出の機会を全て失ってしまい、これまでプランしてきたブランドとしての取り組みは水泡に帰してしまうのだが、私には考えがあった。

佐藤選手と某地上波テレビ局、双方と話し、佐藤選手にレポーターとしてスペインへ赴いてほしいと提案した。結果彼は車椅子と松葉杖で熱意を持ってスペイン入りしてくれ、レポーターとして大活躍を見せた。

それもそのはずである。佐藤選手は世界レベルのトップアスリートだ。出場選手にインタビューを試みれば皆オープンマインドで応じてくれ、コメンテーターとしては一流選手ならではの解説を聞かせてくれた。そしてなにより、佐藤選手のファンたちが、大いに喜んでくれた実感があった。

アスリート本人、メディア、そしてファン。それぞれが満足する結果を生むことができ、当然ブランドとしても、それを通じて佐藤選手を熱心にサポートする姿勢を提示することができたのだから、十分にブランド価値向上を図れたと言える。たとえ選手が怪我によって想定通りのパフォーマンスを見せることができなかったとしても、機転により各者にとって満足のいく結果に結びつけることができた好事例だと思っている。

より広く、より多くの人にメッセージを届けることももちろん大事だが、より深く心に残るストーリーをブランドとして紡いでいくことの大切さについて、佐藤選手の車椅子を押しながら考えたのを今でもよく憶えている。佐藤選手と、彼がインタビューしたアスリートたちの笑顔、そしてファンたちの喜び。参加選手やシーン全体を含めた皆にとって心に残るコンテンツをつくることができた。実際、私自身も彼といた数日間の全てにおいて、アスリートとしての彼の魅力を実感し、ＦＭＸという競技にもさらに魅了された時間だったと鮮明に覚えている。これはメディア露出を超えた次なる展開にもつながった。

ピンチはチャンスになるとはこういうことだ。ピンチになったときにも、実はまだいろんな視点が考えられるものだと私は思う。諦めずに真剣にもっと考えてみることで窮地を脱するというのは、他にも多くの場面で経験してきたことである。

会社全体を巻き込んでいく方法

繰り返しになるが、ＫＰＩを目の前の数字だけに置いていてはアスリートとの取り組みは得てして持続しない。また、より長期的な取り組み、息の長い付き合いによって得られる価値を意識できるかどうかがキーになる、ということはこれまで述べてきたとおりだが、プロジェクトを長期にわたり継続させるための、会社全体を巻き込んでいく方法についてもここで触れておこうと思う。

これはよくあることかもしれないが、私は、大きな大会で優勝するなど、**サポートしているアスリートが大きな結果を残したときには会社に招く**。アスリートを自社に呼ぶだけではあるが、こうした地道なこともきちんとやっていくべきだ。日々アスリートと顔を合わせる我々が思う以上に、社内のスタッフにとっては嬉しい出来事になるものだ。例えば営業や経理といった部署のスタッフたちは、アスリートと直接会い、会話する機会などほとんどないが、しかし実際には企業全体でアスリートをサポートしているのだ。その意識を社内に持ってもらえる絶好の機会にもなる。

企業といっても実態は多くの個の集まりだ。社員とアスリートが〝人と人〟として触れ合うことで、アスリートのことをきちんと好きになってもらう。その気持ちが企業全体に及べば、アスリートと距離の遠いところで働くスタッフも皆〝自分ごと〟としてアスリートを応援し、プロジェクトに協力的になってくれることだろう。

またアスリートにとっても同じことが言える。普段顔を合わせないスタッフと交流し、その存在を感じてもらうことで、企業全体として支えてもらっているという感覚を持ってもらえる。スポンサー企業との交流などというと、〝偉い人との会食〟で済まされてしまいがちなもの。アスリートにとっても企業全体の顔が見えることによって、「彼らのサポートに応えたい」という気持ちが、具体像を伴ってよりハッキリと感じられるだろう。

アスリートが結果を残したとき以外に、例えば、各年度終了時の社内パーティーなどにもアスリートを招いたり、また自社主催のイベントでは社内のスタッフがボランティアとしてイベントに参加できる仕組みづくりなども行ったりした。実際にそのような機会を定期的につくっていくことで、各所や個人から感謝の言葉をもらうことも多かった。我々イベントチームとしては休日に観に来てくれるだけでもありがたいものだが、さらにスタッフとして参加して一緒に活動できることは本当に嬉しいものだ。

プロジェクトを社内で円滑に進めるために留意してきたことはほかにもある。

同じ社内でも部署によってその目的は、細かく分けて考えれば違ってくる。マーケティングの視点だけでプロジェクトを進めようとすると、もちろんマーケティング部門だけのメリットを追うことになり、他部署の協力を仰いでも彼らが義務感によって稼働するのでは結果を出すにも限界がある。社内全体を巻き込んでいくならば、できるだけ**他部署のメリットにも留意してプロジェクトを進めたい**。

これまで何度も述べてきたとおりだが、アスリートとの取り組みの場合、商品の売り上げを直接的な目的として進めてしまうと、達成には結びつきづらく、結果プロジェクトを進めることが困難になってしまう。スポーツシーンとの協働に必須なのは、シーンを支え、盛り上げていくという**社会貢献的な視点**だ。それは見方を変えれば、広報・CSR担当部門にとってのメリットを作りやすいということでもある。

アスリートやシーンとの協働というひとつの機会から、マーケティングとCSR、双方のメリットを模索することで、社内での扱われ方が違ってくるはずだ。ひとつのオポチュニティから、複数のアセットを紡ぎ出し、より多くの担当部門がそれぞれのメリットに沿ってそれを活用できるようにすることで、会社全体を巻き込んでいくことができる。

例えば、営業部門を巻き込みたいというときには、彼らのメリットを考え、こんなこともした。

フリースタイルフットボーラーの徳田耕太郎選手（通称Ｔｏｋｕｒａ）に、レッドブルの営業部のプレゼンテーションに同行してもらったことがあった。提案先で彼にパフォーマンスをしてもらうことで、先方に大いに喜んでもらうことができ、それが営業部のメリットとなった（そして、もし先方がＴｏｋｕｒａに興味を持ってくれた場合にはスポンサーとしてついてもらっても構わないと伝えることで、Ｔｏｋｕｒａにもまたメリットが生まれている）。

このように、ひとつの取り組みのなかからより多く、社内での活用ポイントを考え出すことが大切だ。また、活用の方法を自身で考えるだけでなく、各部署からリクエストを募るかたちでももちろん良いだろうと思う。

また、これは前述したとおりだが、企業がアスリートをサポートする上で、社内のスタッフがそのアスリートを好きでいることが重要で、個人的には、社内スタッフが誰よりもまず一番のファンであるべきだと思っている。少なくともそうあるための努力を、社内に向けてしていく必要があるだろう。

自社のブランドがサポートするアスリートについて知らないというのは、自社が扱う商品について知らないのと同じこと。それが時に、社外とのコミュニケーションにおいてなんらかの機会損失に繋がることもあるだろう。

これは企業が大きくなればなるほど、課題になりがちな問題だと思う。消費者に向けて発信していくことはもちろん大事だが、社内に向けても細かに、効果的に情報を発していく必要性についても常に留意していいたい。

ATHLETE

第3章
アスリート支援の実際

BRAND

マイナースポーツ「エアレース」をシーンごと支え、日本に根付かせる

イベント名やプロジェクト名にRed Bullと冠が付くものは、全てレッドブルがオリジナルで作ったものだが、その中でも日本で認知も高くかなり根付いたものとして、「Red Bull Air Race」がある。残念ながら2019年の5回目の千葉大会開催を最後に一旦シリーズは終了しているが、そのスポーツで活躍した日本人アスリートに室屋義秀選手がいる。

さて、エアレースは今やモータースポーツ競技の中でもかなり認知が高いが、実際の競技人口はなんと日本でひとりである。つまりプロとして、エアレースパイロットと言える人は国内

「Red Bull Air Race」。パイロンで区切られたコースをマシンが高速で通過していく

©Joerg Mitter / Red Bull Content Pool

で室屋選手ただひとりなのである。
レッドブルの〝翼をさずける〟というブランドスローガン通り、このエアレースでの彼の姿はまさしくブランドの真髄を突いている。飛行機のレースということで、翼繋がりとしても関係値は強いが、レッドブルは、全くの無名のパイロットがワールドチャンピオンになるまでの10年以上の軌跡を見守り、一緒に変遷を辿ってきた。

ブランドの成長において、アスリートと一緒に成長しブランドの特徴についてコミュニケーションをとる機会を得たことは結果として素晴らしいが、それだけでなく外資系で短期的な観点でKPIを考える思考が多い中、この競技をこれだけ活用してブランドやストーリー、次に繋がる資産を作ることができたことは、信じたチームの努力や本社の経営ポリシー、ブランドの本質でもあると思っている。

室屋選手との協働の発端は、2006年末にまで遡る。当時「Red Bull Air Race」に参戦している外国人パイロットが国内でショー飛行をするために日本の事情を知っている人が必要で、その時は単なる許可取りや運営のサポートの担当として室屋選手との付き合いが始まった。しかし自分から飛びたいと強く志願、まずはショーで一緒に飛行する機会を彼は勝ち取り、そのスキルを証明してからその人生は急転する。

そんな中、日本の市場に参入したばかりで、商品の存在感を高めたかったレッドブルが、早速2007年1月に彼とアスリート契約をした。将来的にエアレース出場を目指そうというスタンスでの契約だった。そして私自身も、その頃にレッドブル・ジャパンに入社、当初の役割のひとつが、ブランドのコミュニケーションを、とにかくレッドブルが持つアセット（契約アスリートや海外でのイベントコンテンツなど）を活用して考えることだった。

当時はそもそもエナジードリンクというカテゴリー自体、日本の飲料市場にまだ無い状態。無名ブランドとして国内市場でのコミュニケーションが課題だった厳しい時代で、いわゆるＴＶＣＭや広告以外でブランド力を高めるため、エアレースを活用していきたいと考えていた。

正直、エアレース自体や室屋選手の存在も、それまで一度も聞いたことがなかったが、もともとモータースポーツを含めスポーツが好きなので、世界の象徴的な場所で行われるレースのスリル満点な映像に魅了されすぐにファンになった。

当時は誰も知らないブランドと誰も知らないスポーツカテゴリーを掛け合わせて、一体何が生まれるのかと思った人も多かったが、あの映像のインパクトで人の感情に訴えられることはある程度確信できていたし、メディアの引きは相当強かったこともあり、まずはメディアと連動したストーリーをどう作るかに専念した。映像インパクトでの訴求、メディアとの連動と日本人のストーリーでどこまでレッドブルのキャラクター特性とそのスポーツの魅力の両方を伝えられるだろうかと考え続けた。

ちなみに日本人のパイロットがいたことはラッキーである。外国人だけであれば、ここまで日本国民を魅了することは無理だったと思う。当初まだ室屋選手は大会に参加できていなかったが、できるだけ彼の口から話してもらうことや、エアレースと日本との接点を考えることが消費者にとって大事だと考えた。エアレースそのものの魅力を伝えるため、いくつかのメディアを各国のエアレース会場へ連れて行ったこともあったし、さらに自分たちでもコンテンツを考えて展開した。

エアレースを日本で開催する案は２００７年頃から度々話に出ていたが、正直不可能に近いと当時は思っていた。海外のレースを目の当たりにして、相応の規模感が出せるのか、規制の面で空、海、地上での全ての許可が取れるのか、行政が受け入れるのか、スポンサーがついてくれるのかなど、気が遠くなるような思いばかりだったが、実際に２０１５年から実現できたことは本当に周囲のサポート含め全ての偶然が重なったからだと感じている。

ただ、国内で実現しなかったとしても、室屋選手をこのレースに参戦させるための努力は、本人もだがブランド側も相当な覚悟を持って遂行した。２００８年にレース出場者の枠が広がるとのことで、ルーキーパイロット用のキャンプが10ヶ月間にわたり開催された。室屋選手はそれに参加する機会を得て集中した訓練を受け、遂にレースに参戦できるライセンスを獲得した。

さらに幸運が重なり２００９年にはエアレースに参戦、途中数年中断もあったが、２０１６年には日本戦で優勝、２０１７年にはワールドチャンピオンになるに至る。最初はフジテレビやＪＳＰＯＲＴＳといった放映パートナーが積極的にこの競技とアスリート自身を世の中に伝えてくれた。やがて徐々に興味を持つメディアパートナーも増え、直近の数年はＮＨＫ等にも放映権をライセンスするまでに成長した。

実際、２０１３年にブライトリングがスポンサーとして入るまで、ほとんどレッドブル一社がスポンサーとして彼をサポートしてきたが、その中で大事だったのはこの唯一のアスリートとカテゴリーが成長することを目指し、地道にブレずに活動を続けてきたことだ。アスリートとの長期的な関係性と経営視点に基づいて考え行動し、とにかく焦らずできることをやり続けてきたことを思い出す。

競技人口が極端に少なければ、それをサポートする企業もある程度覚悟しなければならない。この競技にポテンシャルがあるのか、ブランドにとって有効なのかを考えながらも、アスリートと互いに率直な意見を言えるかどうかも大事である。

企業という顔もあるが、やはり最後は人同士の付き合いになるため、担当者の質も問われる。活動が常に次に繋がるか、お互いが必要とするものを提供し合えているかをいつも見極めている必要がある。「アスリートが企業の色に染ま

日本で唯一のエアレース・パイロット、室屋義秀選手
©Predrag Vuckovic / Red Bull Content Pool

るのではなくて、お互いにイノベーションが起こせるのかを考えるべきだ」というのは室屋選手の一言。**お互いが切磋琢磨して新しい世界を作り上げることが、両者の価値向上や利益となる。**

つまり、このような希少価値の高いスポーツにおいて企業とアスリートとの関係で大事なのは、**互いのフィロソフィーを尊重できるか、文化がフィットするか、そして、両者の価値を長期的な視点で向上させる可能性があるか**、である。アスリートとして活躍できるかどうかの要素はもちろんだが、文化が合わずに一緒にい続けたり、我慢してどちらかに合わせることは不幸だと思う。共に歩むことでお互いの価値を高められなければ、一緒にいる意味はないのだ。

そうした意識のもと、エアレースという競技はレッドブル・ジャパンにとって、社内で働くスタッフたちにとって、サクセスストーリーを肌で感じられる機会となった。このプロジェクトで想像を絶する規模のチャレンジをチーム全員に課され、それを克服できたことは今思えばありがたく、さらにマーケティングの視点においても、この機会をフル活用してグローバルを説得し、日本独自の施策が多くできたことやその施策がグローバルに発展していったことなどがチーム全員の自信に繋がったことは間違いないと思っている。

アスリートが伝えたいメッセージに寄り添うこと ～地元のヒーローが生んだ、レッドブルの自動販売機～

10代におけるサッカー国内競技人口はいまや野球を上回っていると言われている。日本人のサッカー選手が海外でも活躍する時代であるが、ストリートで展開されるサッカーにおいても世界で活躍する日本人選手がいる。

そのひとつであるフリースタイルフットボールは、手以外の部位を使ったリフティングやドリブルなどの技術によってパフォーマンスを行い、単純な技の難易度だけでなく、オリジナリティやエンターテインメント性も踏まえて競われるスポーツ。

「Red Bull Street Style」で活躍する徳田耕太郎(Tokura)選手
©Ali Bharmal / Red Bull Content Pool

レッドブルが主催する「Red Bull Street Style」は、2008年のブラジル大会では横田陽介選手が準優勝、2012年のイタリア大会では徳田耕太郎（Ｔｏｋｕｒａ）選手がアジア人として初優勝、2016年のイギリス大会ではＫｏ－ｓｕｋｅ選手が準優勝と、日本人選手が過去の大会で好成績を記録している。つまり、日本はフリースタイルフットボールの強豪国として世界から高く評価されている。

イタリア大会で優勝したＴｏｋｕｒａは、フリースタイルフットボールの本に影響を受けてその道へ進んだ。彼との出会いは、2009年の横浜で開催された国内決勝大会（「Red Bull Street Style Japan Final」）に、愛媛県から上京して参戦、高校生の彼がいきなり優勝するという衝撃的な出来事からだった。

当時の彼は、シャイでとても線が細くて、一体どこからこのような技が出てくるのかと疑問に思ったくらいだ。日本チャンピオンになってから3年後の2012年には、国内大会を勝ち抜きイタリアで行われた世界大会「Red Bull Street Style World Final」でチャンピオンの座を勝ち取り、その後メディア露出も増えて現在は競技のみならず様々なイベントなどにも招待されている。2018年にはサッカーワールドカップがあったこともあり、イベントへの参加などかなり活躍したと聞いた。

Tokuraの名前は知らなくとも、彼のパフォーマンスやこの競技の映像などをなんとなく見聞きしたことがある人は、相当数いるのではと思っている。例えば、日清カップヌードルのCM「サムライ in ブラジル」に出演して、華麗な技を披露し話題となった。

ストリート上で主に展開される競技では、練習場はコートのような固定的な場所がなく、公園から私有地まで様々な場所になるが、実際にボールを使って練習できる場所はとても限られている。都内の公園を見ても「ボール遊び禁止」と書かれている場所が大多数で、彼らにとってはなんとも世知辛い世の中とも思える。

さて、どんなアスリートにも競技への想いや背景があるが、一般的にはアスリートが競技以外で企業側に自分たちのルーツや気持ちを伝えることは非常に難しいもの。特に忙しいアスリートであればあるほど、一般的な会話で終わってしまいがちだ。

レッドブルでは、競技の枠を越えてアスリート同士が交流できる場を担当者ができるだけ用意する。私もそうした場に参加し、交流を深めたのだが、他愛もない会話からふとした瞬間に心に響く話というのも多々あった。ただ、それも何度も会い信頼関係が築けてから初めて、その想いを伝えてくれるもの。

そうして届いた話のひとつが、彼の地元の練習場の話だった。そしてそれがきっかけで、彼の地元やレッドブルの各部署を巻き込み、印象的なプロモーション施策にまで展開することになった。

Ｔｏｋｕｒａの出身は愛媛県大洲市。そこは自然に囲まれた本当にのどかな場所で、彼は友人と共にチームを作り練習してきた。都会とは異なりこれだけの土地があればどこででも練習できそうなものだが、それでも彼が選んだ練習場所は校庭でも、公園でもなく、とある道路沿いの自動販売機の前だった。Ｔｏｋｕｒａ曰く、「練習には明かりが必要、とにかく光が欲しかった。その時見つけたのが自動販売機の光だった」。

ダンサーがビルのガラスを鏡に見立てて練習するように、彼は自動販売機の明かりの前で毎夜練習をした。そして自動販売機を設置したお店「しらたきの里」の店主も彼のそんな姿を見て、応援していた。自身のルーツはこの場所で、自動販売機が自分を見守り、サポートしてくれたのだと、Ｔｏｋｕｒａは私に話してくれた。

本人はふとした気持ちで話しただけで、特にこれが誰かに興味を持たれるとも思っていなかったと思うが、私はこの話にとても感動した。そしてすぐさまこの自動販売機から始まった彼のストーリーを何かで表現したい、誰かにシェアしたいと思った。

そこで思いついたのが、地元のヒーローが生まれたその場所に、世界で一台のラッピング自動販売機を設置することだった。**どんな場所からでも世界チャンピオンが生まれるということを、地元の少年少女に対して〝翼をさずけるストーリー〟として伝え、街をもっと元気にできるはずだと感じた。**

もちろん、レッドブルのブランド発信の意味でこのようなチャンスを活かして、彼と一緒にブランドの認知を広げることも視野に入れていた。

思い立ったら即行動、営業チームにすぐに電話して、是非この企画を一緒に進めたいと伝えたが、最初は難しそうな雰囲気だった。このような小規模な案件で営業チームを動かすことはなかなかハードルが高かったのだが、当時の担当者がアスリートへの理解とマーケティングチームとの連動をサポートしていてくれたおかげで、最終的にはスムーズに進められた。

当時レッドブルは、四国での展開率がまだ低く、特に自動販売機ビジネスにおいてはこれから強化していく段階であったことも好機だった。「翼をさずける」というレッドブルの理念を知ってもらえるチャンスと、これまでにないアプローチ手法に可能性を感じてもらえ、自動販売機展開におけるパートナーであるキリンビバレッジ社を説得し、企画は進行。あれよあれよという間にオーストリアのレッドブル本社ブランド担当者からも承認を得た。

営業サイドも、レッドブルの世界観を知ってもらうこと、クリエイティブや芸術性の高さを知ってもらうことを念頭に入れてくれていたので、自動販売機のクリエイティブ面での完成度にも徹底的にこだわることができた。Ｔｏｋｕｒａと綿密に話し合い、何度もやりとりを行いかなりの労力を使って実現に至った。この真剣な態度は、キリンビバレッジ社の現場担当者の心を動かすことにも繋がり、結果この自動販売機は、アスリート、レッドブル、キリンビバレッジのチームワークによって生まれた共同作品と呼べるものとなった。

企画のスタートからおよそ半年、遂に世界にひとつだけの自動販売機が完成。設置日には垂れ幕を掲げて落成式を行いお披露目された。メディアや関係者、地元の小中学生、キリンビバレッジの関係者も駆けつけ、愛媛県大洲市白滝の商店にあった一台の自動販売機が全国的に注目されることになった。

多くの関係者を巻き込みながらも半年程度の期間でこの世界にひとつだけの自動販売機が完成したことは本当に嬉しかった。そして当時Ｔｏｋｕｒａはまだ22歳だった。

彼がこの企画でこだわったことのひとつとして、自身の想いのこもった文章をデザインに入れたいということがあった。この場所を訪れた人に伝えたい想いがあったのだ。自販機正面に

愛媛県大洲市に設置された、想いとこだわりの詰まった自動販売機

は手書きの文字でこんなメッセージが印刷されている。

〝この場所で技を磨いて世界に行きました。この場所を常に忘れず、これからも世界で戦います。〟

たった一台のこだわりの自動販売機を設置したのち、四国における営業的な展開が大きく加速し、四国での自動販売機の導入が加速度的に進んだ。最終的な取引額は明確には言えないが数十倍にまで跳ね上がった。

このアスリートやイベント関係の自動販売機のラッピングはレッドブル公式なフォーマットとして展開が始まり、グローバルからもブランドを訴求する手法として高い評価を受けた。

その後も世界で一台だけのアスリートラッピング自動販売機は、ＢＭＸライダー、スケートボーダーやボルダリング、エアレースの関連などでも展開したのだが、ここまで強いストーリー性や営業的な反響の大きさがあったのはＴｏｋｕｒａの事例が一番だったと思っている。

このようにして、ふとした会話からきっかけが生まれ、それがかたちになる。自動販売機はもともと存在していたわけで、ここにかかったコストは本当に最小限、しかしクリエイティビティと各担当者の努力、そして魅力を伝える力によって、効果は最大化された。

ＲＯＩなどを意識することも大事だが「誰もやったことがないこと」、「消費者に翼をさずけられるか」を念頭に、心に刺さるコンテンツを作ることを突き詰めていけば、自然とストーリーは人から人に共有され、それが連鎖して大きなビジネスにも繋がっていくことが証明されたと思っている。

ふとしたことから展開が起こり、それがお金では作れない価値を生むこともある。そのために、どんな小さなストーリーも見逃さないことが肝要だ。

そしてＴｏｋｕｒａはこの街のヒーローになった。大会優勝時には街に垂れ幕が掲げられるようにまでなったのだが、それは彼の熱量はもちろん、小さなスポーツだからこそ街も一体になって大事に接してくれるようになったのだと思う。

私の視点で見れば、もちろん缶の売り上げが伸びることも重要だが、街に「翼をさずける」こともブランドＫＰＩのひとつとしてとらえていた。その目標は達成できたと思っている。

アスリートの不在によって痛感したこと

アスリートサポートは、もちろん全てが順風満帆に進むわけではない。

これは、前章でも語ったフリースタイルモトクロス（ＦＭＸ）の佐藤英吾選手のエピソードだ。

ＦＭＸシーンでは「X Games」と並び重要な世界大会である「Red Bull X-Fighters」。２０１３年、その日本開催に向けて、我々レッドブルは佐藤選手をメインヒーローに据え、綿密に準備を進めていた。様々な努力の末、大阪城公園での開催準備が整った頃、彼は練習中の事故で命を落としてしまった。多くの人が悲しみに暮れたのはもちろんだが、ここでは大会の開催、アスリートサポートについての話に終始することにする。

「Red Bull X-Fighters 2013」
©Jason Halayko / Red Bull Content Pool

メインヒーローである彼の不在のなか、大会の開催自体の可否を含め皆で協議し、結果予定通り開催することになるのだが、キービジュアルはその時すでに、佐藤選手をメインに据えてでき上がってしまっていた。正直に言うとレッドブルの本社サイドからは、亡くなった選手をキービジュアルに起用するのはどうかという意見もあったが、大会関係者たちの意見は、佐藤選手の気持ちも汲んだ上でそのまま開催しようというものだった。誰よりもこの大会の実現に強い想いがあったのは、佐藤選手自身であったから。

大会中には、彼の追悼の時間を設け、盟友とも言える世界中のアスリートたちが彼を偲んだ。また、大会決勝では佐藤選手を常に兄のように慕っている日本人選手とフランス人選手が運命的に対戦し、今でも目に焼き付いている迫力ある両者のパフォーマンス後、最終的には大阪が地元の東野貴行選手が優勝。大会全体を通して佐藤選手の存在を感じるものになった。

しかし開催後、今後彼の不在のなかどのようにしてシーンをサポートし牽引していけばいいのか、という課題が残った。それからレッドブルと日本のＦＭＸシーンとの距離感は少し遠くなったように感じる。当時、日本のＦＭＸシーンにはレッドブルアスリートがいなくなってしまったので、それからは中小規模の大会を全体的にサポートしたりというような取り組みだけを行うことになった。佐藤選手のような強力なキャラクターが存在すると、万が一その人がいなくなったときに課題が残るものだと痛感した。

人の不在による課題ということで言うと、アスリートだけでなく、ブランド側のスタッフの不在によっても同じことが起こり得る。シーンからの信頼を得ているスタッフが抜け、繋がりが希薄になることで取り組みの内容もまた希薄になってしまうという事例も見てきた。結局は人と人との繋がりが大切なのだということがわかる。そのため、企業としてはシーンとの繋がりをひとりの人に頼り切るということをしないのが重要なのかもしれない。

共に歩むアスリートの理想的なあり方

一般的にはアスリートは活動するための資金と機会が欲しい。企業はブランドの認知を上げて商品やサービスをアピールするためにアスリートの力が欲しい。お互い目的はある種合致している訳だが、それだけでなんとなくコラボして終わってしまうことも多いのではないか？

一過性のコラボレーションキャンペーンで露出を稼ぎ、社内外の評価を上げて、ただ翌年にはほとんど話題にも上がらなくなってしまい、さらにはそのアスリートは別のブランドのアンバサダーになっている、こんなことはよくある話だ。

特にアスリートは練習や競技に集中したいので、その環境をサポートしてくれることを第一に考える。だが、だからと言ってブランドとの関係をおろそかにすべきではない。ブランドにとっては、アスリートがどれだけコミットしてくれるのかが大事で、企業はそのための努力をどれだけするのかも考えないといけないと思っている。

私の心に残っているアスリートの行動のひとつに、ブレイクダンス（Breaking）のシーンを牽引するB－BOYのTAISUKE（野中泰輔選手）の話がある。彼とは2007年、当時17歳の時に出会ってから早10年以上の仲だ。今やブレイクダンスは

レッドブルブランドへの愛着をいつも大切にしてくれているTAISUKE（ブレイクダンス）　©Little Shao / Red Bull Content Pool

ユースオリンピックの種目にもなったし、２０１８年にスイスで行われたブレイクダンスの世界大会「Red Bull BC One」のＢ－Ｇｉｒｌ部門では、日本人のＡｍｉさんが初代チャンピオンにもなり、男女共に世界的に活躍している。

しかしながら、当初はブレイクダンスという種目もアスリートも本当にニッチで、イベントにも人があまり入らなかった。レッドブルというブランドと、ブレイクダンスのシーン拡大、そしてアスリートの成長を目指して、一緒に努力してきたメンバーのひとりがＴＡＩＳＵＫＥである。これは、たまたま彼が原宿を歩いていて、その後オフィスに訪問した時の話になる。

「今原宿を歩いていたら、街でＴＡＩＳＵＫＥさんですか？ って声をかけられたので、写真を一緒に撮って、その時自分が普段数本常備しているレッドブルを渡してあげたらとても喜んでいたんですよ！」と言われて、「え？ それってよくやっていることなの？」と聞いてしまった。するとＴＡＩＳＵＫＥは「レッドブルのファミリーとして、自分ができることを少しでもやろうと考えているし、好きなものを紹介するのは当たり前ですよ」とさらりと言っていた。

この行動を聞いて、アスリートとの関係づくりや本人のブランドへの愛着というのは本当に大事なのだと痛感した。**ファンの心理を考えてみると、このストーリーは絶対に誰かに伝えたくなる**、いや、私ならきっと伝えていると思う。これがいわゆる口コミ効果で、さらに伝える側に影響力があればあるほど、この言葉に重みが出てくる。会社の社員が自社製品を伝える影響力と、彼のようなアスリートが伝える影響力には大きな差がある。

レッドブル時代、社員がメディアに出て語るということはほとんどなく、だから私もインタビューを受けたりということは基本的にしなかった。存在をわざと隠し、ときにはミステリアスと言われることもあるほど、レッドブルのブランド担当者は自社ブランドをメディアで語らない。それにはレッドブルらしい理由があった。社員が自社製品を自らアピールするよりも、第三者が語ることで信憑性やメッセージの信頼度が増すと信じているからである。自分も広報のバックグラウンドがあるので、正直最初は驚いたのだが、実際これはすごく良くできている戦略だと思っている。

考えてみると、**アスリートは自分の競技については語れると思うが、サポートするブランドに**

ついてどれだけ語れるだろうか？ 彼らがある程度語れるようになるためには、きちんと製品のことを子細に理解してもらうのみならず、ブランドの目指す方向やメッセージ、世界観についても深く理解する努力をしてもらわなくてはならない。

そのため私は、全くジャンルの異なるスポーツやカルチャーイベントにもアスリートができるだけ参加できる機会を作り、他のアスリートと交流することでファミリー意識を作り出すことを促した。時には社員も一緒に彼らのツアーに出掛け、語り合い、それから一緒にイベントを作るということに発展したりもした。

また、社員向けのイベントにも時間が許す限り参加してもらった。アスリートの一番のファンは社員であってほしいし、社員からの気持ちが彼らに伝わることで、発信するメッセージにも重みが出てくるというものだ。

彼らが発する言葉を見守る、つまり信じるしかないのだが、ときにはブランドや方向性について議論し、それが互いの成長になっていた。これはもちろん理想形であって、全てのブランドやアスリートに当てはまるとは思わないし、ひょっとしたらもっと効率的な手法もたくさんあるかもしれない。しかし、ブランド作りにおいては、この手法は対アスリートに限らず、全てのステークホルダーに当てはめてみても、学ぶべきことは多いと思っている。考えてみれば、今や当たり前になっているインフルエンサーマーケティングの走りとなることをやってきたのだと思う。

アスリートやアーティスト、インフルエンサーが自然にブランドについてのメッセージを発信するような環境を作るには、企業の顔を彼らにきちんと見せるべきだと信じている。特に企業のマーケターやブランド担当者は絶対に大なり小なりのコミュニケーションをとるべきだと思っている。

もちろん、様々な調整事項で仕事が忙しかったり、ミーティングやイベントなどに追われていると、なかなか優先度を変えられないし、彼らの現場に週末に行くといったことを他のスタッフに任せてしまう方が簡単ではある。しかしそれでもなんとかして機会をつくり、現場へ足を運ぶべきだ。企業側のフィールドへアスリートに来てもらうだけだと、彼らの本来の人物像が見えてこないことがあるが、アスリートが自らのフィールドで戦っている姿、観客の反応などから、〝よそ行き〟でない彼らの姿が見てとれるだろう。そしてその後話してみて、お互いにフィーリングが合うかどうかがとても大事だと思っている。

特に、一過性でない関係を作るのであれば、企業は意識してそうしたことに時間を使う必要があるはずだ。全てがデジタル上でできてしまう時代だが、会ってお互いの胸の内を確認し、理解することが、事業・広告プランを作ることや社内調整ミーティングと同じくらい、ときにはそれ以上に、価値が高いということをわかっておくべきだと思っている。

未来を担う若き才能と個性を発揮できる場づくり「NEXT GENERATIONS」

レッドブルの話だけでなく、現在形で携わっているプロジェクトについても触れておこうと思う。これまで述べてきたことは、レッドブルだからできたわけではなく、そのシーンを支えたいと思っている誰もがきっとできることだと信じて、自分も活動を進めている。

15歳以下のためのアーバンスポーツプロジェクト「NEXT GENERATIONS」
©渋谷未来デザイン

私がかかわっている渋谷区の仕事において、15歳以下を対象とし、焦点をあてたスポーツプロジェクト「NEXT GENERATIONS」。レッドブル時代には、取り扱う商品の特性上、15歳以下の若年層にはフォーカスできなかったのだが、街を舞台に展開するストリートスポーツの振興において、これからの時代を担う彼らに活躍の場を提供することはとても重要なことだと思えた。

ストリートスポーツに付いて回る課題のひとつとして「マナー問題」があり、それが障壁となってスポーツ本来の魅力に気づいてもらえないことも多い。また昔ながらの固定観念で、いまだに「ストリートスポーツのプレイヤーは素行が悪い」といった印象を持っている大人も正直に言って少なくない。しかし、今ストリートスポーツはオリンピック種目にも一部入っており、熱心に取り組んでいる少年少女たちはとても真剣。彼らにもっとチャンスが与えられないか、と考えた

渋谷の街なかに突如出現したステージで繰り広げられる戦いに、通りがかりの人たちの足が止まり人だかりができていく　©渋谷未来デザイン

こと、そしてストリートスポーツの健全な未来像と、野球場もサッカー場もないが区全域を運動場ととらえていこうとする〝渋谷〟という街のブランドが合致すると思い至ったことが、このプロジェクトの発端だ。

最大の目的を「ストリートスポーツ振興とマナー啓蒙」とした、住民や若年層が積極的に参加できるアーバンスポーツプロジェクト、15歳以下のためのストリートスポーツプロジェクトの実施を基軸に、トップアスリートによるショーケース、体験イベント、スクール事業や他のイベントとの連動なども見据えた包括的なプロジェクトを目指して、さらに渋谷区に拠点を置く企業であるＣＡＳＩＯ（カシオ計算機株式会社）から全面的なバックアップを受けて２０１８年度に発足した。

このプロジェクトのゴールは大きく分けて４つだ。

（1）〈若年層がストリートスポーツに触れることによるスポーツへの興味関心強化とマナー啓蒙〉

前述のとおりこれが最大の目的だ。例えば渋谷区ではスケートボードなどの禁止区域がとても多く、ストリートスポーツの受け入れは難しい状況。ダンスなども、多くのダンサーたちが駅やビルのガラスを前に、ときには私有地に入り練習している姿は、おそらく読者の皆さんもご存知のところだろう。しかしもし街の人々がストリートスポーツの魅力を理解し、共存を模索し始めたとしたら。先に述べたような問題は次第に解決していくことだろう。そのための第一歩、つまりストリートスポーツをより深く知ってもらうために、マナーの向上がまず絶対条件になると思う。ちなみにスポーツのジャンルは特に区切ってはいない。

(2)〈渋谷区民のみならず渋谷で働く人学ぶ人たちが積極的に参加できるプラットフォームを作り、地域社会への貢献と持続的な発展を促すこと〉

街は行政のものではなく、そこに住んだり、訪れたりする人たちのものだ。「NEXT GENERATIONS」のイベントは、選手やコアファンに限らず様々な人が参加したり、楽しめるということを重視する。ワークショップやプロによるパフォーマンスなど、体験したり、初めて見たり、といったことを通して、〝食わず嫌い〟を克服してもらいたいと考えている。そこからストリートスポーツに対する地域の理解を促したい。

（3）〈渋谷から日本・世界へと発信・展開することで社会全体の発展に寄与すると同時に、渋谷という街のブランドイメージを強化する〉

スポーツによって健康になり地域が盛り上がるというモデルを、他の多くの街にも転用していけることを念頭にプロジェクトは進む。スポーツと行政を掛け合わせた取り組みの具体的な事例として、地域創生の契機のひとつとして役立てられたら、という想いがある。

（4）〈実行委員会方式により参加する企業や団体、個人など多くの方にかかわってもらうことで、皆で共に次世代をサポートする体験をつくっていくこと〉

当事者としてかかわる人々や企業が少なければその分もったいない。特定の企業がメリットを独占するのではなく、複数のステークホルダーで広く手を取り合い進めていくプロジェクトにすることで、文化としての成長に繋げたい。また「NEXT GENERATIONS」という事象を、特定のブランドだけでなく様々なブランドが活用できるかたちを目指すのも、同じ想いからである。

社会の可能性を、目的意識を持った連合体で共創しながら、これからの時代を支えていく。その場にいる全ての人が楽しめるイベントにする。これこそ、オープンイノベーションのかたちで新しい時代を迎える我々がやっていくべき課題だと思っている。

より大きなインパクトを生むために最大化すべき3つの要素

本章の最後に、私がアスリートとの取り組みやイベントを通してあらゆるコミュニケーションを行う上で大切にしている3つのことについて記しておきたい。

これはどんなジャンルのイベントでも、どんなアスリートとの取り組みでも、あるいはスポーツにかかわることでなくても、変わらず普遍的に当てはめて考えることのできる視点だと思う。

私は常に、次の3つの要素が最大化されるにはどうしたら良いか、という思考法でプランを考えている。それは、

- **CONTENTS（コンテンツ）**
- **CONTACTS（コンタクト）**
- **WOM（口コミ）**

である。

「ＣＯＮＴＥＮＴＳ」はまさに、その取り組みのなかから、どれだけの量のコンテンツを作り出すことができるのか、というポイント。ひとつの事象でも様々に視点を変えることで、複数のコンテンツを生み出すことができる。

「ＣＯＮＴＡＣＴＳ」は、いわゆるメディアリーチのことと思ってもらえればいい。作り出したコンテンツが、自社メディアを含めた様々なメディアを通してどれだけの人々に届けられるか。

「ＷＯＭ」、これはWord Of Mouth、いわゆる口コミのことだ。人々に届いたコンテンツが、その後彼らを発信源としてどれだけ多くの人の目や耳に拡散して届くのか。コンテンツが拡散されやすい状態になっているかどうか。最近では「ＳＨＡＲＥ」と呼んでもいいだろう。ＳＮＳを通して行われている拡散がまさに、これである。

そしてこれら全てを包含するのがストーリーだ。人を魅了するストーリーを常に考え続けることもとても大事である。

レッドブルは常に、**『なぜ（WHY）』を考えながら活動する**ことが求められる。なぜこの商品が存在するのか。なぜこの場でみんなが情熱を持って働いているのか。そういったことを考えながら、様々なアイデアが生まれてきた。なぜこのアスリートと共に歩むのか。なぜこのシーンを大きく成長させたいのか。

そうして組み立てられた取り組みを実現し、人々にブランドのメッセージを最大限届けるのに必要なのがこの3要素だ。どうやって「CONTENTS」をより多く生み出すか。どうやってより多くの「CONTACTS」を得るか。どうやってより広く「WOM」を発生させるか、と考えることを心がけている。

重要なのは、『何を（**WHAT**）』ではなく『どうやって（**HOW**）』の視点。『なぜ（WHY）』を見つめて成し遂げるべき目標を定めたら、そのために『どうやって（HOW）』行動していくのか。『何を（WHAT）』は必ず後からついてくる。先に『何を（WHAT）』がありき施策を組み立てると、それは短期的で短絡的な目標達成だけがゴールとなり、大きなインパクトを生むことはできないだろう。

ATHLETE

第4章

イベントを主催する

BRAND

予算がなくても小さなことを大きく見せる

レッドブル時代にはイベント施策をはじめ様々なプロジェクトにかかわることができ、また、その感想を聞く機会も多かった。そのなかでよく言われたのは、要するに「お金があるからできることだよね」といった内容のもので、そう聞く度に私は違和感を抱いた。

もちろん全くお金がかかっていないというわけではないが、かなり効率的に実施しており、おそらくそうした感想を伝えてくれる人たちが思っているほどには、実際にはコストはかかっていない気がする。**イベントには、コストをかけすぎずとも大きく見せるやり方がある。**

そこでキーになるのも、アスリートやシーンとの連動だ。

自分たちがイベントをつくるにはコストがかかる。しかし既にシーンにあるイベントをサポートしながら、自分たちのブランドの訴求機会をつくっていくことで、コストを抑えながらもインパクトのあるブランディングを行うことができる。

それを通じて企業はシーンに対して、これまでシーンがリーチできていなかった層への認知拡大に貢献することができる。つまりシーンはブランドと組むことで新規のファンを獲得することができる。

一方、新規のファンの側から見ると、「レッドブルが大規模な（そしてシーンに根差した）イベントを催している」という認識が生まれている。ブランド側はそれほど大きな資金を投じていないのだが、シーンと密な信頼関係をつくり既存イベントをサポートしていくことで、彼らには「レッドブルがコストをかけて大きなイベントをやっている」と見えるわけだ。

レッドブルの、イベントにおけるブランディングで効果的だったことは、その意味でもうひとつ挙げることができる。それは、ブランドロゴなどの掲出の仕方にある。

ただフラッグやステージバナー等でロゴを露出するのではなく、レッドブルはロゴ入りのＤＪブースや簡易ステージとなるロゴ入りのテントなどを持ち込む。ほかにもレッドブルが中に詰まった缶形のクーラー（冷蔵庫）など、あくまで機能を持ったツールにブランディングを施し設置することで、単なる露出に終始せずイベントとの一体感の創出を念頭に置いた施策を行ってきた。このイベント自体との一体感を含め考えると、費用対効果としてとても高いことが想像してもらえると思う。

あるいは皆さんは、レッドブルのブランディングが施された小型車「ＭＩＮＩ」を見たことがあるだろうか。街頭でレッドブルをサンプリングする際などに用いられるツールだが、これもキンキンに冷えたレッドブルを試飲してもらいたいと冷蔵機能が装備されており、イベント会場に乗りつけられ、缶を配布しているだけでもインパクトは強い。コストが比較的かからないものや、既存のツールを用いても、アイデアによって効果的な見せ方というのは作れるものである。

また、イベントを現場で体験できる人数には限りがあるので、そのあとの効果をどう作るかも大事である。アスリート自ら発信してもらうこと、多くのメディアにとって記事が最大化できる場を作ること、コンテンツを販売できるクオリティを目指しライセンス化すること、自社コンテンツとしてどう展開できるか考えることなど、とにかく事前にどれだけ準備し実現まで持ち込めるかが大事である。

イベントが単発的な出来事で終わってしまったら元も子もない。イベントの前後にもどれだけインパクトを作れるか、３６０度のアクティベーションが作れるか、その出来事を息の長い活動に繋げられるか、そして全体を通して開催地と連動したストーリー作りができているかを考えていくことが大事である。

そしてこのような施策は、代理店との協業のなかでは生まれづらいアイデアだとも言えるだろう。言い換えるとしたら、代理店に全て丸投げして既存メニューに則った施策の範疇内で最大化を目指すのではなく、ブランド側の意思をより反映させてオリジナリティを持った施策でインパクトを生み出すことにこだわりを持つべきだと私は思う。

非日常空間をつくる

そうしたインパクトを生むために、来場者の感情のコンディションをつくることもまた重要だ。**イベント会場の空間の雰囲気が、日常とは離れた〝異空間〟であるほど、来場者の満足度は高まる。**

２０１１年６月、当時のＦ１優勝チームであるレッドブル・レーシングが、横浜の元町ショッピングストリートでＦ１マシンを走行させるイベントが実現した。Ｆ１が日本の公道を走るのは国内初。東日本大震災で被害を受けた日本にエナジーを届けるために企画されたイベントで、協同組合元町ＳＳ会の多大なる協力によって実現することができた。あまり宣伝ができなかったこともあり観客がどれだけ集まるのかを心配していたが、商店街は歩けないほどの人で溢れかえり、駅を一旦封鎖するほど大いに盛り上がった。

それから約8年後、２０１９年3月には遂にＦ１マシンによる初の東京都内での公道デモ走行が実現した。これはＦ１開幕に伴い、２０１９年シーズンからホンダのパワーユニットを搭載してレースを戦うレッドブル・ホンダチームのプロモーションも兼ねての施策。ホンダ本社から近い明治神宮外苑いちょう並木の公道をクローズしてコースが作られた。

どちらのイベントにも1万人以上の観客が詰めかけ、Ｆ１マシンの威力を生で体感し、ドライバーやチームと触れ合い、その時その場にいた人だけが味わえるある種の優越感を抱くことができる空間を出現させることができた。これを機に実際のレースを見たいと思った人や、Ｆ１というスポーツへの興味関心を寄せた人も少なくないだろう。

横浜・元町ショッピングストリートで実現した、F1マシンの公道でのショー・ラン

そして既に何度か紹介しているフリースタイルモトクロス（ＦＭＸ）のシーンでも、非日常空間をつくることを心がけたことは変わらない。ＦＭＸとはモトクロスバイクでキッカーと呼ばれるジャンプ台からジャンプし、空中で多彩なトリックを繰り出す競技。その高さは10メートルを超え、距離は25メートルにもおよぶ。

そんなＦＭＸの最高峰の世界大会のひとつが「Red Bull X-Fighters」だが、レッドブルイベントの中でもこの大会が一番好きですという人も多いくらい、見た人をあっという間に魅了し、興奮の渦に巻き込む。それがこの競技の凄さだ。

私自身もこの競技に深くかかわってきたが、観戦する際には常にジェットコースターに乗っているような

2019年に実現した都内初のF1マシン公道走行

©Keisuke Kato / Red Bull Content Pool

気分になり、大会主催者側にいても本当に気が抜けず常に手に汗を握っている状態。観客の行動を観察してみるとさらに面白い。大抵の人が大きな声を出さずにはいられない状況になる。

そしてこの大会の特徴は、開催地の多くが各国の名所や文化的遺産として登録されている場所であることだ。スペインやメキシコの闘牛場、ロンドンのバタシー発電所跡地、エジプトのスフィンクス前、モスクワの赤の広場、ドバイのブルジュ・ハリファァ、南アフリカのユニオンビル前など、各国の錚々たる名所で開催されている。

そして2013年、この世界大会が日本で開催されることになり、会場のチョイスに対する本社の期待も当然高まった。最終的に数年かけて開催まで漕ぎ着けた会場は、大阪城公園西の丸庭園だった。

〈各国の写真〉（左）「Red Bull X-Fighters 2010」（モスクワ）　（右）「Red Bull X-Fighters 2015」（メキシコシティ）　©Danil Kolodin / Predrag Vuckovic / Red Bull Content Pool

それまでに数カ所の候補地を提案し、視察しても「Red Bull X-Fighters」の実行委員会に納得されずお蔵入りした場所も多数ある。本社チームからのプレッシャーが強くあるなかで相当交渉したことを覚えている。それだけ実行委員会のメンバーは、会場選びに関してはこだわり抜いたわけだ。それは、彼らもブランドを体感してもらう上でイベント会場の非日常性がとても大事だとわかっているからだろう。

レッドブル・ジャパンを卒業してからの、渋谷区の外郭団体「渋谷未来デザイン」のプロジェクトにおいてもやはり、イベントでの非日常性を演出することには留意している。

渋谷には毎年、渋谷１０９前のスクランブル交差点を一時的に封鎖して行っている「渋谷音楽祭」がある。普段と街の様子が変わりそこが音楽で満たされ、来場者や通りを行く人たちにとってこれも、渋谷の街の普段と違う姿を感じる、非日常空間になっている。

その音楽祭に、前章で話にあがった「NEXT GENERATIONS」を象徴する10代のアスリートが１０９前のステージにて大勢の観衆を前にしてパフォーマンスを披露できるチャンスのオファーがあった。これは彼らにとっても絶好のチャンスであり、すぐにアレンジを行った。

私自身、音楽祭は協力者としてサポートしているが、このイベントで印象に残っているのは、来場者だけでなくそこでパフォーマンスをした出演者たちのキラキラと輝いた笑顔。渋谷の象徴的な場所を非日常化し、そこで自分たちがパフォーマンスできたこと、観客との一体感を感じたことを、皆本当に喜んでいた。渋谷という街だからこそ、個性豊かな人々が主役になれるような場づくりをもっとやりたいなとあらためて思った瞬間である。

渋谷スクランブル交差点の非日常といえば、サッカーやラグビーの大きな試合があったときに起こる〝ハイタッチ〟もそうだ。普段はお互いにかかわりを持たないような他人同士が、同じことを祝福するために集まり、何度も何度もハイタッチを交わす。もちろん街の安全を守るための警備の大変さを考えるとなんとも言えない面もあるが、なかにはきっと、祝福そっちのけでハイタッチという非日常自体を楽しみにやってくる若者も多いのではないだろうか。どうあれ、非日常的な空間が立ち現れるときというのは、人の気持ちを揺さぶる何かがあるのだなと実感する。

よく見知った場所が、普段と全く違う姿を見せる非日常的空間。イベントをやるならそんなロケーションのなかで実施すべきだ。と、言うのは簡単だと読者の皆さんも思うかもしれない。実際、こうしたイベントを立ち上げるには相当の苦労があるもの。

「Red Bull Air Race」は世界各国、普段飛行機が飛ばないようなロケーションにコースを設置し開催する。前述のFMXの世界大会「Red Bull X-Fighters」同様、実行委員会は日本での初開催を前にユニークな開催場所を探して奔走した。

その過程では様々な交渉が生じる。行政、関係省庁や警察、消防等との交渉はもちろん大変だが、それ以上に労力と熱意が必要なのは、地元住民の皆さんの賛同を得ることだった。例えば行政が賛同しても地元の合意形成がなされていなければ実現は難しい。逆に、住民の皆さんが賛同してくれていれば、地元の方々の協力により行政との交渉はスムーズになるということも実は多い。やはりそんな場面でも、結局は人と人との繋がりや信頼から端を発して、奇抜なイベントアイデアというのは実現されていくのだと思える。

考えないといけないのは、企業のメリットだけを追求して何かをやるのではなく、地元にとってどういう効果があるのか、ということ。**地元の誇りになれるようなことが実現できるのか**を常に念頭に置いて私たちは行動した。例えば世界各国にエアレースの映像が配信されて、その場所の価値を高め街のブランド価値を上げることができれば、両者にとって相乗効果になる。社会への貢献をどうやって実現するかという視点は、絶対に忘れてはならない。

アーティストとの想いの共鳴
—GLAY・TAKUROさんとの対話—

「Red Bull Air Race」の開催にあたって、人の熱意と共にかたちにしていったことの思い出として記憶に残るのは、日本を代表するロックバンド・GLAYとの取り組みだ。

2017年の日本大会、我々はGLAYをアンバサダーに迎え、主題歌を書き下ろしてもらうことをはじめ、事前キャンペーンや事後コンテンツづくりで共にイベントを盛り上げ、しかも当日はエアレース会場内の特設ステージでGLAYのスペシャル・ライブを開催。大いに白熱した。

それに至るGLAYのメンバーたちの想いを、リーダー・TAKUROさんの当時のインタビューでの

「Red Bull Air Race」会場内の特設ステージでライブを披露したGLAY
©Kunihisa Kobayashi / Red Bull Content Pool

発言から振り返ってみたい（RedBull.com内『[Red Bull Air Race特別対談]「本物のエンターテイメント」を創出する男たち』より引用）。

「僕らはただ、自分たちの音楽を続けてきた。だけど、10年先、20年先もGLAYでありたいって考えたとき、他のジャンルとのコラボレーションに可能性を見出したんです。

僕らが子どものころ、庭にゴザをひいて見た花火大会は、いまや会場では音楽が流れ、ダンスパーティがあり、食事も提供される立派なイベントとして成立している。メジャーリーグにしても、攻守交代のときに観客を退屈させないようなショーが披露されたり、遊園地が併設されていたりもする。

僕らもただ演奏するだけじゃなく、いかにファンの皆さんに満足して頂けるかを考え、あらゆる世界から学ぶ姿勢を忘れないようにしています」

そのときバンドはメジャーデビューして23年目、歩みを共にする事務所社長と直接話す機会があり、彼らの栄光の影にあった苦労時代のこと、それを乗り越えて挑戦し続ける姿勢について知り、レッドブルのブランド像、そしてパイロット室屋選手の夢にチャレンジする姿勢とも重なるところがあると感じたのが、このコラボレーションのそもそものきっかけだ。

「『Red Bull Air Race』という最高峰のエンターテイメントの場に、ＧＬＡＹのファンを連れていける。逆もまた然りで、『Red Bull Air Race』のお客さんに僕らのことを知ってもらえる。こんなに嬉しいことはない」

バンドとして成熟しても、変化することを恐れず、むしろ変化を求めていく。そうしたチャレンジ精神から、エアレース会場でのスペシャル・ライブが実現している。

音楽のみならず他ジャンルとのコラボレーションの可能性について、ＴＡＫＵＲＯさんはこうも言う。

「僕らのライブでも、地元の北海道物産展を催すと、ライブそっちのけで名産品を買いに来る物産展マニアがいるくらい、いろんな世界にいろんなファンがいるんです。僕ら制作側がちょっとでも垣根を取り除いてあげると、可能性はもっと拡がると思います」

「3時間のライブをやるとしたら、その時間は全身全霊をかけて最高のステージを創っていくのは当たりまえ。そのうえで、会場のある地域とうまくコラボレーションすることで、その土地の魅力を掘り起こし活性化させていきたい。

お客さんには1日がかり、場合によっては泊まりで来て頂いているのだから、ライブだけじゃなく、家を出てから家に着くまでがライブだとして、思い出を作ってもらいたい。僕らは今、そういうところに音楽の可能性を見出しているし、それが音楽産業と、日本全国の活性化にもつながると思うんです」

そして、そうしたエンターテインメント面の可能性と共に、大前提として心にあるのが、室屋選手の気概への共感であることも語っている。

「初発の動機は、室屋さんの人柄、その世界観に惚れたこと。僕らが絶対できないことに、〝勝敗をかけた闘い〟っていうのがある。凛とした表情で、何も語らず空を飛び、1／1000秒を詰めていく。そこにはエンターテイメントっていう枠を超越した、ものすごく熱いドラマがある。本当の男の仕事っぷりって、やっぱり感動しますよね。

それを僕らが音楽で表現するのはとても難しい。だけど、室屋選手に気持ちよく飛んで勝利へとつなげてもらうために、僕らは僕らなりに、ライブを通して精いっぱいサポートしたいと考えました」

ブランド側はつい、目先の広告効果などの数字にばかり意識が向いてしまうもの。しかし本当に大切なのは、アスリートやアーティストたちが心からやりたいと思う熱意をつくり、それを最大化するためのサポートをすることなのだと感じる。ＴＡＫＵＲＯさんと室屋選手の共鳴に、ブランドのメッセージをさらに重ねて共鳴させるようにして歩むことができたからこそ、このプロジェクトは大成功だったと言えると今でも思っている。

ではＴＡＫＵＲＯさんは、実際「Red Bull Air Race」とのコラボレーションにどんな可能性を見たのだろう。その答えのひとつがこの発言にある。

「僕らは今まで、幸運にも上の人に引っ張ってもらえて、時代背景に恵まれたことも手伝って、たくさんの素晴らしい景色を見させてもらった。今度は逆に僕らが、若い世代が憧れを見出してくれるようなイベントやパフォーマンスをしていきたい。それが僕らの恩返しでもあるし、『Red Bull Air Race』とコラボレーションする意義でもあります」

ブランドとアスリート、アーティストそれぞれにメリットがあり、そしてこの事例では、エアレースのシーンと共に日本のロックシーンにさえも希望を与えることができた。イベントを皆にとって最高なものにするために、アンバサダーとしてアスリートやアーティストと協働する、その好事例のひとつとしてこれからも私のなかで指針にしていきたいプロジェクトとなった。

また、イベントの非日常性という点に立ち返って、最後にひとつ、ＧＬＡＹとの取り組みのなかで起こったエピソードを紹介しておきたい。

前述したＧＬＡＹのスペシャル・ライブの終盤、熱狂する会場の間近をエアレースの飛行機が飛び、その興奮が極限に達するシーンがあった。バンドメンバーもそんなサプライズが起こるとは知らず、ボーカルのＴＥＲＵさんが「空を見ろ！」と叫び、会場一体となってその飛行する姿と音楽に魅了される、得も言われぬ瞬間だった。しかもそのとき演奏されていた曲は「Red Bull Air Race」のために書き下ろされたテーマソング『XYZ』。全てができすぎた演出であるような一幕だったのだが、実はこれ、エアレース側が用意していたサプライズではなく、偶然の産物であった。

当日、会場ではメディア向けの体験フライトが行われていた。イベントではよくあることだが、現場の細かな混乱が重なり、体験フライトのスケジュールは遅れてしまっていた。そんな折、体験フライトのスタッフはちょうど同時刻に会場内の別のエリアでGLAYのライブが行われていることに気づき、急遽飛行コースを変更。それが奇跡的にライブの最高潮、テーマソングを演奏中というこれ以上ないタイミングでの飛行機の登場へと繋がった。

普段のライブでは絶対にできないような演出が、偶然が重なって実現し、そこに最高の〝非日常空間〟が立ち現れた。ときにはそんな〝偶然〟が、手助けしてくれることもあるというものだ。そしてこの場所に居た全ての人にとって唯一無二の体験になったのみならず、多くの露出やSNS発信に繋がりブランドとしても最高の産物であった。

そんなプロジェクトに日々没頭してきたためか、今では出掛けるたびに「この場所はどう使えるか?」「そうなることでどんな場面が作れるか?」「地元や観客をどう魅了できるのか?」といった観点で街を見てしまう。

例えば前述のように、都内のど真ん中の公道でF1を走らせるには、気が遠くなるほどのプロセスと交渉が必要。これを実現することができた関係者に本当に敬意を払うと同時に、もっともっとこのような公共空間を〝非日常的〟に活用して文化を体験・発信できるプロジェクトが実現できればいいと心から思っている。

特に多くの人が集まる都内各所には大きな期待が寄せられていると思うが、一時的にでも場を開放し多くの人が参加できるようなプラットフォームになれば、日本におけるスポーツ文化が身近になり次のステージに行くのではと思っている。あらゆるスポーツは〝百聞は一見に如かず〟だ。

もし集客が目標に達しなくても…

非日常空間をつくることの効用は、現場での高揚感の最大化だけでなく、事前準備、集客においても十分役立つもの。特にコアなスポーツカテゴリーにおいては、競技の面白さやすごさだけでシーンを盛り上げるのは難しく、競技を知らない人がその場所まで足を運んで観に来てくれるようになるには時間もコストもかかり本当に苦労する。

だからこそ、まずは話題づくりの観点からも、あえて実現のハードルが高い場所に、非日常的な空間をつくり上げることによって人々の興味をこちらに向かせるのは有効だ。そして最終的にその場まで足を運び競技を観戦してもらうことで、自然とファンになってもらえるケースは多い。

しかしそれでも、集客が目標値に達しないということもある。レッドブルのイベントにおいてももちろんそういうことはある。

今や日本でもとても人気の高いブレイクダンス（Breaking）の大会「Red Bull BC One」。実は国内で初めて予選を開催した2007年には、とても集客に苦戦した思い出がある。

当日、会場内を見渡しても関係者が目立つほど、客入りは芳しくなく、頭を抱えた。しかし我々はそこで考え方をシフトすることに。オフィシャルのフォトグラファーが撮影する写真におさまりやすいエリアにだけお客さんを集めるなどして、事後のアセットのクオリティ確保に注力することにした。それをもって次年度に繋げていこうという新たな目標を現場で判断し設定したのだった。

しかしそれでよかったこともひとつある。それは、その大会で優勝し、シーンのキーパーソンでもあるダンサー・ＴＡＩＳＵＫＥやシーン関係者とじっくり話をする機会が得られたこと。今後この大会をどうしていきたいか、そのためには何が必要か。最初から大成功とはいかなかったことで、シーンの現状を再認識し、アスリート側とブランド側双方のやる気、チャレンジに結びつけることができた。再三にわたり言っていることだが、短期的な目標を持ってゴールとするのではなく、より長期的な目標を各ステークホルダーと共に掲げ、継続して進めることがなによりも大事だ。

ＴＡＩＳＵＫＥとはそれをきっかけに深く話し合い、そこから彼のダンスに対する想いの強さを知ることもできたし、逆に我々のブランドの姿勢、哲学もしっかりと理解してくれたはずだ。

そして翌年、「Red Bull BC One」は様々な意見を反映しコンテンツの中身もがらっと変え、できるだけシーンの当事者をより多く巻き込むことに留意して開催。伴ってシーンの人たちがお客さんを自主的に呼び、集客の面でも大成功した。内容的にもシーンにとっても意味のあるものになったと信じている。

２０１０年の「Red Bull BC One」では、ワールドファイナルということで、各国で戦ってきたアスリートが東京・渋谷区に集結することになったのだが、チケットは発売後瞬時に完売となり身震いした。さらに多くの知人からも行きたいと問い合わせを受けたことは記憶に残っている。

とかく、いいコンテンツでも集客に結びつかないということは起こってしまうもの。もちろんそこには改善点は多々あるであろうが、現場では次回に活かせるものをできるだけ拾い上げることに考えをスイッチし、必ず次に繋げるということを意識すべきだ。

また、イベントの集客が芳しくなかったとき、たとえそのイベントに対する社内の風当たりが強くなろうとも、私は、**「チームを守る、プロジェクトを守る」**ということを強く心がけていた。絶対にいずれ成功すると自分なりに意思を強く持っていたことは確かだが、ブランドにとっても諦める選択肢より、最大限の力を発揮してからの結果を見たいと思ったからだ。

マーケティングチームが社内でぶつかりがちなのは、きっとどこの企業でも、営業チームとだったりするだろう。我々のイベントの結果があまりうまく出ないときには特に、社内全体でのモチベーションを保つため、私は営業チームのメリットをつくることにも留意していた。

彼らはプロダクトを売ってなんぼ。飲料や消費財はマーケットに競合商品がたくさんあるなかで、いかに他と差異化できるかということが大事である。営業チームがイベントやそこで生まれるアセットをいかにして営業ツールとして使えるか、ということを考え提案した。独自の世界観を持ったイベントは、営業チームの武器にもなる。わかりやすいところでは、営業チームのお客さんや家族にイベントに来てもらい、過ごしやすい環境をつくることなど、イベントの有用性をアピールしたりした。

イベントを主催する上での留意点とメリット

主催イベントの実施は、シーンと企業の双方にとって大きなメリットをもたらす。もちろん簡単なことではなく、シーンとの信頼関係や各所からの尽力が必要になるものなのだが、この項ではイベントを主催する留意点やメリットについてあらためて考えてみたい。

レッドブルにおいては多くのイベントに、主催者という立場でかかわってきた。イベントに主催者としてかかわるのと協賛者としてかかわるのでは視点が違い、また発見もある。私が主催者側として留意してきたことのひとつは、協賛者や協力者のメリットをどのようにつくっていくか、といったところにある。

大切なのは、**自分たち（主催者）が求めていることと相手（協賛者）が求めていることをマッチングさせる**という考え方だと思う。ただロゴを掲出して終わりではなく、相手にどんな目標があり、このイベントから効果が波及してどんな結果に繋がることを求めているのか、それをきちんとヒアリングし意図を汲み取る。また、主催者であるこちら側の要望についても説明し理解してもらう。そうした対話のなかでベストな答えを探していく。協賛者の短期的な目標達成（多くの場合、それはロゴ掲出など）をすることだけに終始するのでは、たいていそれは中途半端な結果で終わってしまう。お互いが本質的に求めていることをコミュニケーションのなかで探り、着地点を見つけるというマッチングの視点が必要なのだと思う。

また、実体験として、協賛メリットを短絡的なロゴ掲出ではないかたちにしていきたいと持ちかけても、協賛者側から具体的なアイデアが出てこない場合も多い。特に同社内に先行事例がない場合にはハードルが高いのだと思われるが、そうした場合のために主催者側から具体的な取り組み方のアイデアを提案できるようにしておくことも大切と言えるだろう。

では、イベントに協賛としてつくのではなく主催することには、どんなメリットがあるだろうか。私は、イベントはアウトプットの場だと考えている。イベントを通じて観客やアスリートの心に残るものごとを提供することが、ブランドとして大事になる。**その点で主催者のメリットのひとつは、イベントを素材として様々なコンテンツを作れるということ**だと言える。実際の試合の記録だけでなく、出場選手のストーリーを追った事前コンテンツや、各発信プラットフォームに合わせて多様なかたちで事後コンテンツを作れるチャンスがたくさんある。

他にも、イベント本番で収録した映像や写真のライツホルダーになることができるため、メディアに素材として渡すこともできる。これはイベント直後だけではなく、以後長期にわたってメリットとなる可能性があり、特にそれがまだ小さなシーンである場合、やがて大きく成長したときにその映像や写真がメディアに載ることで、その価値もまたぐんと大きなものになる。

また例えばコンテンツがひとりのアスリートに寄り添ったものである場合にも、仮にそのアスリートがその後、オリンピックなど大きな舞台に立つことになったとき、取り上げられた映像や写真に自社のブランディングが施されていれば、そこで大きなブランドメリットを生むことになる。

このように、イベント自体は一過性のものであるからこそ、コンテンツ制作とコミュニケーションによってその後にも波及効果を生むことを念頭に置いて進めたいものだ。

イベントの〝主役〟は誰？

主催イベントを制作していると、「イベントの主役は誰なのか？」という疑問がよぎることがある。主催者か、アスリートか、それとも…。

スポーツイベントにおいては、参戦するアスリート、ゲスト、観戦者、そのイベントをサポートするスポンサーや業界団体、イベントを支えるスタッフ、メディアなどの存在は欠かせない。それぞれの立場に立って考えてみると、それぞれにメリットが生まれている以上、彼ら全てが〝自分ごと〟としてそのイベントにかかわっており、つまりは彼ら全員が〝主役〟なのではないかと感じる。

ここでは、先にも述べた、U－15世代に焦点を当てたストリートスポーツ体験の場作り、マナー啓蒙とファン作りを目指すスポーツプロジェクト「NEXT GENERATIONS」を例にとって、携わったそれぞれの立場からこのイベントがどのような場／出来事であったのかを振り返り、それぞれのメリットを考えてみたい。

アスリートの視点

彼らのメリットはわかりやすく、観衆の前で力を発揮し、今後のモチベーションに繋げられることである。与えられた舞台で自身のパフォーマンスを存分に発揮できる機会を活かして最大限ぶつかりあえる。最終的にはそのパフォーマンスが次に繋がり、また、観客の心に残っていくだろう。勝っても負けても自身に納得したり、周囲を動かす力を出せたらそれだけで主役であることは確かだ。

観客の視点

15歳以下限定というユニークな場所だからかもしれないが、小さいお子さんからおじいさん、おばあさんまでが純粋に楽しんでアスリートを応援している姿がいつも印象的だ。自分の家族でなくても、全ての若いアスリートを賞賛し、声を出して応援する。出場選手もまだまだこのような公の場でパフォーマンスする機会が少ないこともあるが、多くのアスリートからは「応援が自分の力になった」とのコメントがあった。スポーツの場において応援がアスリートの力に繋がっていることはすでに証明されている。観客という存在は試合においてアスリートの勝敗を左右するような大事な役割を担っており、その存在なしではイベントは盛り上がらない。だからこそスポーツは本当に面白い。

■スタッフの視点

裏方と言われればそれまでだが、イベントづくりはスタッフの存在と努力なしでは成り立たない。アスリートや観客が安全でハッピーになれるよう、準備から当日の運営まで常に考え、柔軟に対応できるかどうかが、イベントの成功／失敗を本当に大きく左右する。彼らの力なしではイベントが成立し得ないことは、通常あまり意識されにくいものだが、私はこの存在を最大の貢献者として讃えたい。彼らスタッフにとっては、アスリートや観客から「ありがとう」の一言があれば、それだけで全ての努力が報われるもの。各人の努力によってイベントが支えられていることを自身で感じているからこそ、そのイベントの成功は、スタッフ一人ひとりのプライドに繋がっている。

■シーンの視点

ストリートスポーツはまだまだ発展途上な分野であるが、シーン関係者の気持ちはとても強い。自分たちのシーンを強化し、盛り上げるため、そして後継者を育成するために日々努力を重ねている。「NEXT GENERATIONS」は、複数ジャンルを交えての大会となることが多いが、クロスジャンルで行うことにもまたメリットがある。観戦者がジャンルの垣根を越えてそれぞれの競技をより深く知ることができると、コアファンの醸成に繋がる。ひとつのスポーツだけを応援するのでなく、ファンが互いにサポートし応援し合えることも小さなスポーツシーンにおいてはとても大事である。そういう意味ではストリートのジャンルは横の連携も多く、またアスリート同士の交流も多い。そうしたシーンの活性化という意味で、「NEXT GENERATIONS」はシーンにとってもメリットを感じられる、思い入れのある場になって欲しい。

私の最終的な結論は前述のとおり、このイベントを作っている全ての立場が、見方によって皆主役になれるということだ。「アスリートが主役で観客は脇役、スタッフは裏方」と安易に決めつけてしまうのではなく、全ての立場の人々がイベントを〝自分ごと〟として捉える意識、つまり、自分も主役、あるいは一員なのだという意識を持って臨むことが大切なのである。

最近のケースになるが、ラグビーワールドカップはまさしくこれを体現していたと思っている。私も個人的に決勝戦を観戦したが、今までの全ての努力のアウトプットがこの大会で、この場所にいる観客のみならず、大会運営者、協賛者、ボランティアスタッフまで全てが一体になっている感覚を得た。参加する全ての人がまさに〝ONE TEAM〟になっていたことは素晴らしいと思った。試合終了後に電車の中でたまたま出会ったイングランド応援団と今日の試合やラグビーについてずっと会話をしながら帰ったことも、今となってはいい思い出であるが、これが本当にこれからへ向けてのスタートであるなとも実感した。

イベントというのは結局のところ、全ての要素がひとつになりゴールに向かっていくことが大事で、ある部分だけが成功してもイベント全体の成功とは言えない。

いつも思うことだが、イベントとはそれまで継続して取り組んできたことのアウトプットのひとつであり、さらに次へ繋げることもまたイベントのゴールだ。イベント開催当日だけの一過性の取り組みとして終わるのではなく、次へのステップとしてどう繋げていくのか。その派生効果を常に念頭に置いて取り組み続けていくべきである。そういう意味では、主役としてイベントにかかわった全ての人が、また継続して〝自分ごと〟として感じ続けられるかどうかということも、長期的な視点でのイベント成功のためのキーになってくるだろう。

代理店に頼り切らない

先ほど多少触れたが、私はプロジェクトを進める上で、広告代理店に頼り切る、いわゆる丸投げといったようなことは絶対にしないことを心がけてきた。代理店に全ての進行を任せて、自分がお客さん然として待っているのでは、もったいないと思っている。

代理店との関係をいかに対等にするか、自分の意思をいかに彼らに理解してもらうか、という部分はとことん突き詰めておきたいところだ。だから彼らにとっては〝うるさい〟クライアントであるかもしれないが、それは仕方のないことである。

企業によってはプロジェクトを丸投げし、もちろん成果を上げているところもあるだろうし、むしろ多くのイベントがそうした、ある意味での成功を果たしているだろうと思う。ただ、私が見据えるゴールがそもそも、それとは多少ズレたところにあるのかもしれない。代理店を間に介しアスリートやシーンと接しても、そこにお互いの理解や信頼といった〝愛〟が生まれないことが多いのだ。

当たり前だが代理店はクライアント企業そのものではないから、ブランドとしてのDNAまでは持っていない。あくまでも役割として目標を果たすのが仕事であり、ブランド側と比べるとその挙動に愛がこもらなくても当然である（誤解してほしくないのは、私はここで広告代理店の批判をしたいわけではない。あくまでブランドと代理店では役割の違いがあるということだ）。

プロジェクトのアイデアを出してもらったり、機会を創出してもらうには代理店がいてくれると助かるものだが、基本的にリードはブランド側ができる環境をつくっておくことが大事である。

スポンサーシップ営業をとってみても、私の場合は自分でもやっていることが多いが、実は個人的な経験上、代理店経由でスポンサーシップが獲得できたことはほとんどない。これは日本で浸透していなかったマイナースポーツや特殊な企画を扱っているからかもしれないが、強い想いを持っている当人が交渉するのと、代理店経由で交渉するのとでは、当然想いの伝わり方に違いがあるからということもあるだろう。最初は自らが想いを伝えて理解を得られるようなことからスタートした方が確実にパートナーを見つけることに繋がると思っている。

もちろん前述のとおり、私は広告代理店との協業自体を否定したいわけではない。代理店に入ってもらったほうがより効果的に物事が展開するということも必ずある。だから次なるチャレンジはひょっとしたら、代理店の人たちにいかにして〝愛〟を持ってプロジェクトに携わってもらうか、例えば実行委員会形式にしていかに同じミッションを掲げた活動をするかという課題を解決することなのかもしれない。

とにかく私がここで言いたいのは、**熱量を持ったイベントを催し、熱量を持ったファンを獲得するためには、企業側も熱量を持ってシーンやアスリート、アーティストと接する必要がある、**ということである。

ATHLETE

第5章

イベントを通じたコミュニケーションの切り口

BRAND

ブランドにとっての社会共創と社会貢献

イベントは、ブランドの「認知向上」を図り、さらにブランドのメッセージを「体験」してもらうための場だと私はとらえている。メッセージを発信するだけでなく、受け手と直接的な接点を持つことが重要であり、その格好の場がイベントだ。**〝イベント＝ブランドの認知向上×体験の場づくり〟**という意識を持つことが、ブランドバリューの中長期的な強化に繋がることをこれまで強く実感してきた。

表面的なブランド認知ではなく、体験と呼べるまでブランドの哲学を感じてもらうことができるイベントを実現するには、やはりアスリートやアーティストの存在、そして特に彼らとブランドが対等な関係をつくることがとても重要だ。そのために我々ブランド側も、単なるプロモーションイベントではなく、シーンを巻き込みながら彼らにもメリットを還元できるものをつくること、レッドブル時代で言うならば、シーンに〝翼をさずける〟ことを意識してきたわけだ。

また最近は、ブランドが貢献すべきはアスリートやシーンに対してだけではなくなってきてもいる。企業としてのメリットの訴求だけでなく、大なり小なり社会との共創や社会への貢献という視点も、これからの企業は持つべきだ。今や一社だけの成長で何かをするのではなく社会的な意義も念頭に置いて何かを進めることができるかを、企業やブランドは考えるべきであろう。

社会貢献という意味で印象に残っているのは、レッドブルのグローバルな施策として毎年行われるランニングイベント「Wings for Life World Run」、その２０１５年大会、日本で初めて開催されたときのことだ。

この「World Run」は、世界中で何万人もの人たちが同時にスタートを切り、その足で、もしくは車椅子で、キャッチャーカーに追いつかれるまで走り続けるというもの。参加費用は全額、脊髄損傷治療法の発見に取り組む研究支援（Wings for Life）に使用されるチャリティーイベントだ。世界各国で同時スタートとなるため、日本のスタート時間は深夜。当然いつものごとく、会場選びから交渉、決定までには多くの苦労があった。

このイベントで得られるメリットは、ブランドにとってはブランド体験の場づくりのみならず、社会への貢献ができるということ、開催地域の自治体にとっては、イベントの模様が世界に向けて生中継されるということにあった。日程がゴールデンウィーク真っ只中ということと１００キロのコースを引かなければならないという厳しい条件下で、開催地選びに相当難航し人が集まりやすい関東近郊での開催は諦めたのだが、最終的に開催地として決まったのは、滋賀県高島市。決して大きな都市ではなく、ゴールデンウィークに人をたくさん集めるには厳しい条件だったが、地元からのありがたい受け入れの意向もあり、このいわゆるローカルな街から、全世界と繋がり世界中に発信されるチャリティーランが行われることになった。

深夜、ビルや広告の灯りなどがない街のなかを、ランナーたちの頭についたライトが列になって進んでいくという幻想的な光景。それだけでなく、私が特に感動したのは地元の人たちが沿道に出て熱心に応援をしてくれていたこと。チャリティーのために大勢のランナーがその場所に集い、それを応援する街の人たちと気持ちをひとつにする、そんな空間で多くのアスリートや社員も参加し、一緒にレッドブルのブランドを感じ、さらには確実にエナジーが必要になるタイミングがありドリンクを飲むという体験が生まれている。ブランドの露出はタイトルにブランド名がつかないことやイベントの趣旨から、出しゃばらず、多くを語らずに進めていたが、**地元、参加者、主催者全てがひとつになる**、これこそが屋外でやるイベントの理想的なかたちのひとつだと感じた。

広告やSNSでの展開などといった間接的なものではなく、その場での一体感を持ってブランド価値向上に繋げられたことには、相当の手応えがあった。一年目は自分も実際にスタートラインを切り約10キロを走ってイベントを体感した。後からスタートするキャッチャーカーに抜かれたらゴールというユニークなかたちで、私もキャッチャーカーに追いかけられ、最後は追い抜かれるスリル感と安堵感を自分自身で味わうことができた。二年目は全員を見送って最後にスタートはしたが、全体の管理責任者ということもありコアメンバーが集まるメインコントロール拠点に戻り、運営スタッフと警察・行政と一緒に中継モニターで全体管理を行った。一年目の経験が二年目の管理にも活かされたことは間違いないが、同じ空間で警察や行政関係者とコミュニケーションをとれたことは本当に意味があり、そこから信頼関係が生まれたと思っている。単なるエナジードリンク会社の枠を超えて、互いに真剣にひとつのゴールに向かって進められたことは会社にとっても自分自身にとっても大きな力になった。このイベントは車椅子で走る人も多かったこともあり、自分で走れる人から、押してもらって走る人もいたが、私は初めて全ての人がお互いサポートし合いながら参加し、さらにその多様性を尊重し合うということも目の当たりにした。これが現在やっている仕事の原点になったのかもしれないと思っている。余談だが、女性の部では二年連続で日本人女性が世界チャンピオンに輝いたこともあり、世界中継での滋賀県高島市の露出は相当多かった。さらには他国からこちらに参加してくる人が出てきたことも事実だ。残念ながらゴールデンウィークというタイミングでスタッフを集めることが非常に難しくなり、一旦このイベントは三年目から日本開催を休止することになったのだが、また再開するという話も耳にし、嬉しい気持ちである。

また、地域との繋がりのなかで、双方のメリットを模索する取り組みという意味では、もうひとつ印象に残っているイベントがある。

それは、和歌山県にある白浜町の三段壁という風光明媚な崖で行われた、クリフダイビングのイベント「Red Bull Cliff Diving」。クリフダイビングとは高飛び込みの一種で、崖や城壁に設けられた飛び込み台から、海や湖に飛び込むスポーツなのだが、このイベントは世界各地の名所をロケーションとして選び、26~28メートル（ビル8階建て相当）という高さの自然の崖にジャンプ台を設置、ダイビングコンテストを行うというもの。

三段壁というと、実は〝自殺の名所〟として語られることも多い場所だ。そのせいもあってか、私も固定のイメージを抱いていたのだが、実際に訪れてみると、実に綺麗な景色が広がっている。ちなみにこの場所は〝恋人の聖地〟とも言われており、自治体としては白浜町の海の綺麗さなどもどんどんアピールしたいという意向がある。

この場所の本当の魅力を日本中に、あるいは世界にまで伝えることができたら。そうしたレッドブルと地元の人々の想いが合致して、イベントの開催に漕ぎ着けることができた。

当日はこのクリフダイビングのワールドシリーズに参戦するトップアスリートと国内外からの観客がこの地を訪れ、またその盛り上がりはメディアを通じて世界に中継・拡散されることになった。もちろん、地元の人たちも応援に駆けつけ、街が活気づいたことは、なによりの成果だったと思っている。当日、スポーツ庁からこのイベントに興味があると連絡があり調整していったところ、スポーツ庁長官も現地までわざわざ駆けつけてくれた。イベントの迫力をボートから体感してもらい、表彰式にはスピーチをしてくださったことは今でも印象深い。何より、一緒にこのイベントをつくり上げてくれた白浜町の皆さんや当日の観客の皆さんなどに本当に喜んでもらえたことは嬉しかった。

こうした、ロケーションとなる街が喜んでくれて、彼らと密着してつくり上げられるストーリーといったものに、大きな可能性を感じている。

ブランド会社にとって、自社の商品やサービスをより広く展開し事業を拡張させていくことはもちろん一番大事だと思っているが、その中で**社会との接点を持ち、互いのメリットを考えること**は、これからのブランドビジネスで当たり前になってくると思っている。このように、本当の意味で街と連動して一緒に街の課題に一つひとつ向き合いイベントを行えたことで、「レッドブルのような外資ブランドがここまでやってくれるのか」と最後は思ってもらえたのではないだろうか。

オケージョンの重要性

イベントの話をいくつかしたが、単純にイベントだけやっていればいいというわけではないことも伝えたいと思う。イベントの場において自分たちの商品の訴求にどう繋げていくかを考えることも当たり前にやらなければいけない。例えば、ランニングイベントの場合はもちろん飲料との相性はいい。走る前に気合いを入れるため、走ったあとの水分補給のため。そうした、飲みたくなる瞬間、つまりブランドを体験できる瞬間が点在している。そのように、**最適な機会（オケージョン）と共に体験の場を作り出すこと**が必要になる。

オケージョンを効果的につくるために、そこにいる選手と観客が同じ空間で体験、共有する事柄をどうつくれるか、といったところから考え始めてもいい。

アスリートには大会で勝つためのエナジーが必要で、そして観客は彼らを応援するその熱量が必要になってくる。イベントが盛り上がれば、アスリートにとってはさらにやる気が起き、そのスピリットが伝わり観客の熱量はもっと上がる。私は、こうしたサイクルをどれだけつくっていけるかを真剣に考えていくことで、結果に結びついていくと信じプロジェクトを進めてきた。

また、オケージョンということで言うと、アンバサダーをはじめ、その舞台で活躍するアスリートたちが商品を手にして飲む機会をつくることには特に留意する。アスリートたちは観衆の前に出る、そこで観衆と同じ商品を手にしていることは、ブランドを媒介にした一体感の創出にとって、とても効果的である。

そのようにしてオケージョンづくりを意識してプロジェクトを進めることが、マーケターやブランドマネージャーには大切だ。つまり単なるイベントをやってメディア露出が高められたということだけでない真の体験の場をつくることを常に念頭に置いておくべきだと思っている。商品やサービスによっては、なかなかバリューが生み出せないといったことはあるかもしれないが、であればなんのためにイベントを主催する、協賛するということに疑問を抱くべきだと思っている。私は必ずなんらかのバリューをつくり出せる接点があると思う。そこは担当者の腕の見せ所であると言えよう。

ひとつのイベントからどんなコミュニケーションを生み出すか

ここまで述べてきたように、一口にイベントと言っても、見つめる角度や切り口によって、そこから生み出される成果というのは多様である。それを一つひとつ大切に拾い上げていくことで、ブランドのコミュニケーションは最大化する。

前述の、GLAYと共に進めた「Red Bull Air

Race」での施策を例にとって振り返ってみよう。

「Red Bull Air Race」というひとつのイベントを、様々な視点で見つめることができる。

単純にイベントとして観客に楽しんでもらうことはもちろんだが、スポーツとしてシーン全体を切り口にしたコミュニケーションや、アスリートの姿を通して伝えられるメッセージもあるだろう。またこの事例のように他ジャンルのキーパーソン、つまり音楽アーティストとコラボレートすることでさらに別の切り口が見えてくる。

イベントのなかで観衆に商品自体を体験して（飲んで）もらう機会をつくれるし、また、事前事後には商業施設、実売店舗やネット上を巻き込んでのキャンペーンを組むこともでき、イベントを通して最終的にきち

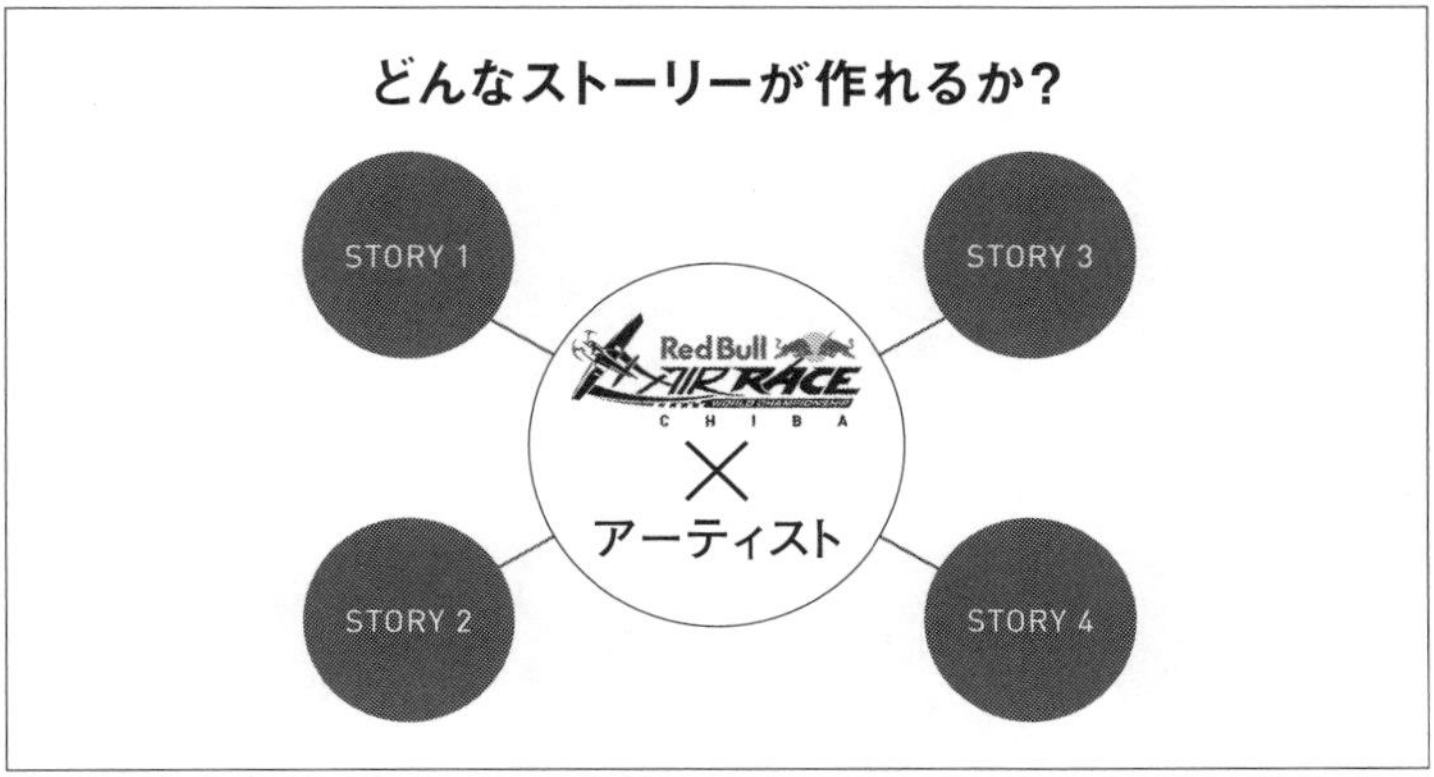

んと商品の魅力の訴求に結びつけることができる。

そしてもちろん、社会貢献や社会との共創という意味で地域へ還元できる施策も模索できるはずだ。

コンテンツという意味では、ひとつのイベントからより多くの切り口を見出すことで最大化に繋げたい。また、一つひとつのコンテンツがメディアやＳＮＳを通じてより多くの人々にリーチし、さらに口コミとなってより広く拡散していくことを意識したい。

「Red Bull Air Race × GLAY」というポイントからも多くの切り口、ストーリーを見出している。

まず全体の傘として全国のコンビニを巻き込んだキャンペーン施策があり、そこではＧＬＡＹのバンドロゴをエアレース仕様にしたスペシャルロゴを制作、オフィシャルなグッズとして購入者に対してプレゼントキャンペーンを展開した。またネットや雑誌といったメディア上にはメンバーそれぞれの特性に沿ったコンテンツを展開。シーンのフロントに立ち、さらにチャレンジを続ける者同士の共感を探るＴＥＲＵさんと室屋選手の対談に始まり、マシンやガジェットへの愛が溢れるＨＩＳＡＳＨＩさんには本物の飛行機に搭乗体験してもらうチャレンジを（実際には天候の都合でフライトは叶わなかったが）。そして前章でも引用した、ＴＡＫＵＲＯさんの頭の中をプロデューサー視点という縛りで掘り下げたインタビュー。さらにＪＩＲＯさんとは「Red Bull Air Race」をイメージした世界に一点だけのベースギターを共同制作し、多くのロックファンやベースマニアを唸らせることになった（余談だが、ＪＩＲＯさんはこのレッドブルとの施策が終わった後も、このベースを気に入りステージなどでときどき使ってくれている。こんなところからも、単なる一過性のアンバサダー契約ではなく、互いに愛を持って取り組むことができた施策だったと実感できる）。

このように、どんなイベントでも深掘りして多くのコミュニケーション手段、ストーリーアングルを探すことが大切だ。それはイベントの

大小にかかわらず言えることだろう。
これまで多くのイベントに携わってきたが、一つひとつのイベントにおいて必ず私は、こうしたストーリー探しを行うことを徹底している。

また、これが長期的なプロジェクトであれば、さらにストーリーアングルの重要性は増してくる。

現在進めているプロジェクトで、ここまでも度々紹介している、U-15のストリートスポーツプロジェクト「NEXT GENERATIONS」において、その理想的な結果は、渋谷という街でこのイベントを見た、あるいは参加した若い才能が開花し、やがて世界を舞台に活躍してくれること。その大きな目標に向かい、選手や観客、スタッフがどんな想いをこのイベントに寄せているのか、そこにストーリー探しのヒントはある。たくさんの人が参加し、長期的にたくさんの想いが集まる場だからこそ、その感情をキーにしたストーリーを長く編んでいくことができるはずだ。

そうしたストーリーの強度は、中長期的なスポンサーシップ戦略においても重要になってくる。シーンにより大きく貢献していくために、イベントをさらに大きくしていくということも考えた

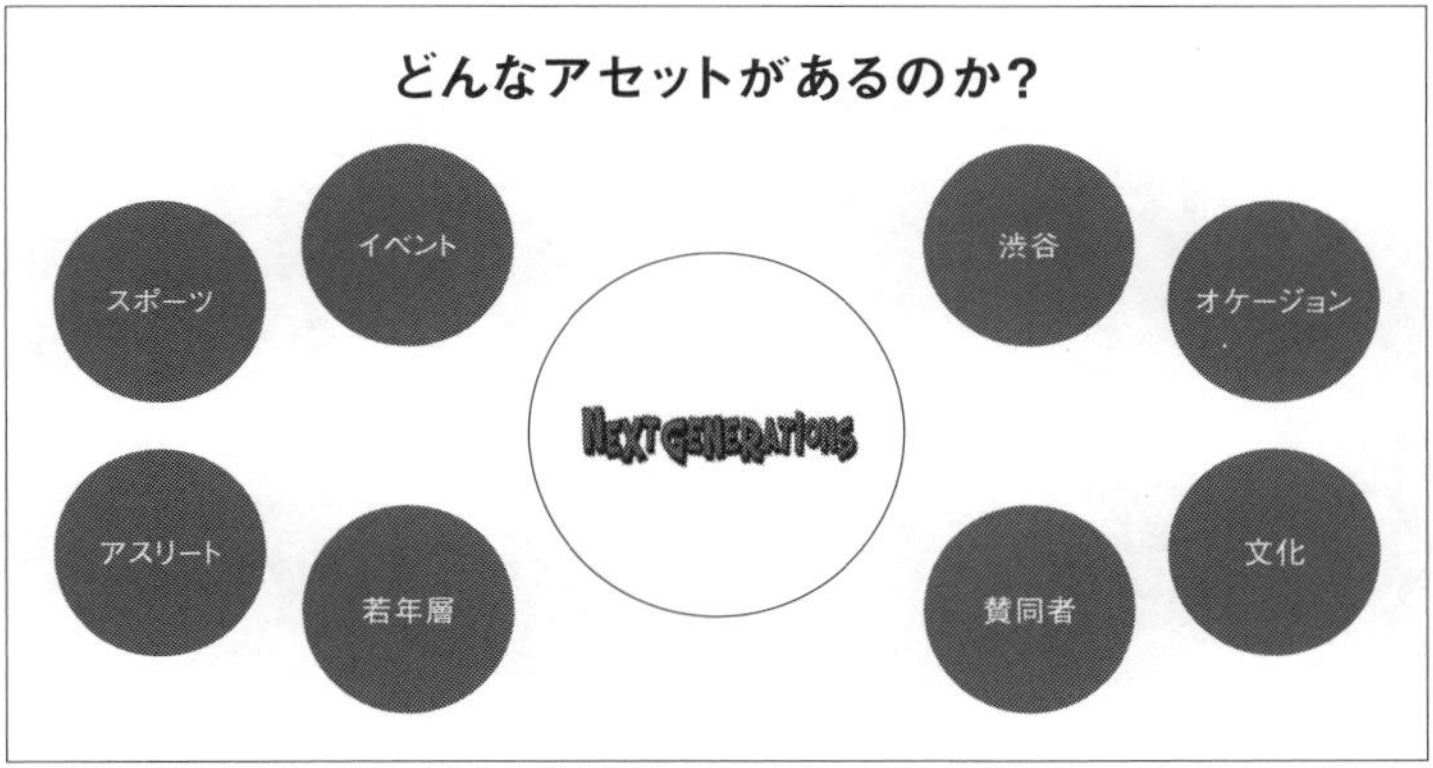
どんなアセットがあるのか？
イベント
スポーツ
渋谷
オケージョン
NEXT GENERATIONS
アスリート
若年層
賛同者
文化

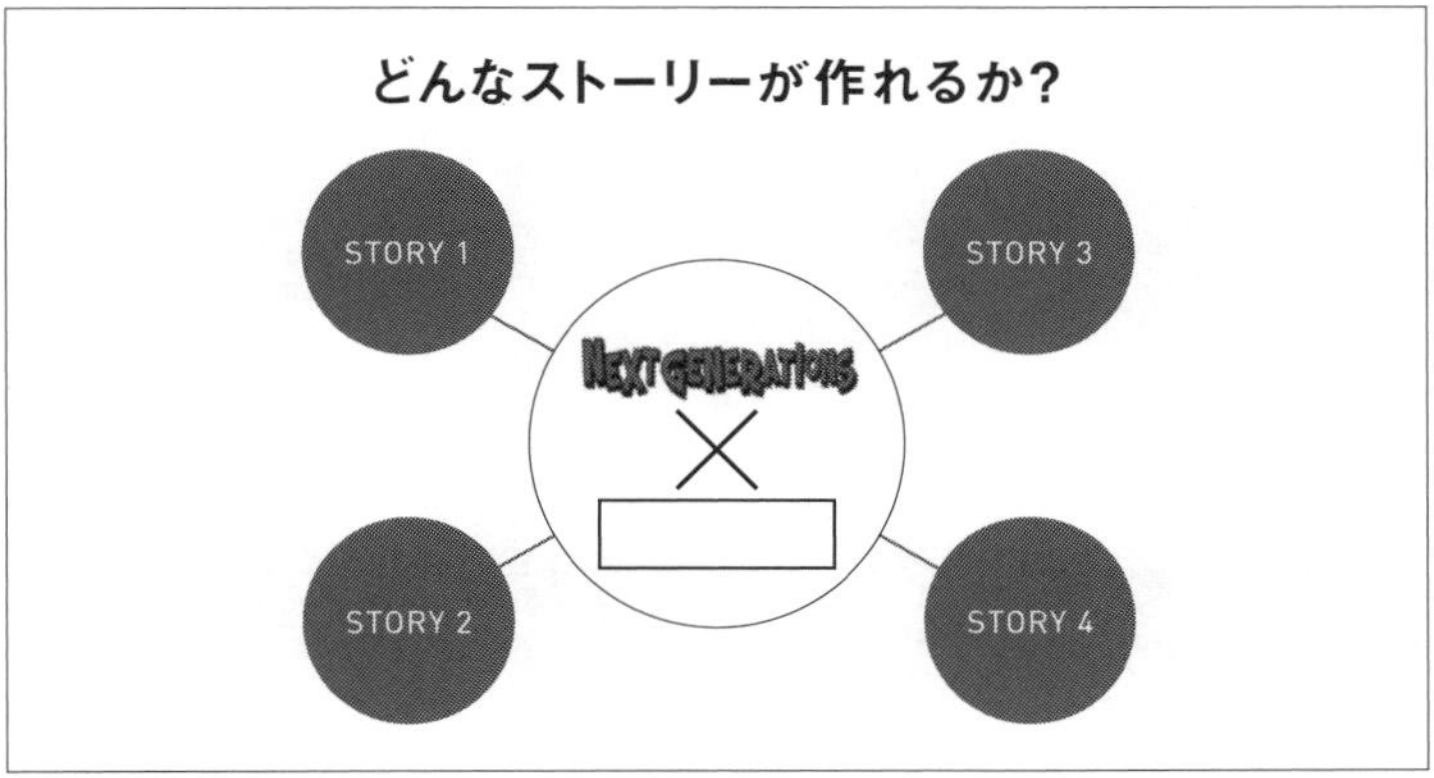
どんなストーリーが作れるか？
STORY 1
STORY 3
NEXT GENERATIONS
STORY 2
STORY 4

場合、複数のブランドを巻き込んで広くスポンサーシップを得ていくことも必要になる。

その際にもストーリーアングルを探し続ける視点は有効だ。スポンサー企業が単なるロゴ掲出などではなく能動的にイベントにかかわれるポイントを、可視化して整理してあげれば良い。そのポイントの選定がすなわち、ストーリーアングルだ。

このイベントにはどんな切り口での視点が考えられ、それぞれにどんなストーリーアングルがあるのか。これは自社イベントにおいてコンテンツをつくるときと考え方に変わりはない。

結果をどうみるか？

このように、自社イベントの運営においても、他社を巻き込んだイベント運営においても、とかく中長期的な戦略は必要だ。つまり一過性の視点で何かを仕掛けてみてもなかなかうまくいかないもの。アスリートとの息の長い付き合い方の話でも述べたが、一つひとつのイベントにKPIやROIを設定することはもちろん重要ではあるのだが、ことアスリートが参加する大会やイベントとなると、その一度だけで結果が出せることがなかなかないのも事実である。サッカーやラグビーのワールドカップやオリンピックといった大規模なイベントを見ていても、フォーカスしているアスリートが一回戦で敗退すれば、メディアや観客の盛り上がりは収束してしまい、あっという間に話題が次のトピックへと移ってしまう。

スポーツイベントでの施策は、その一回だけの結果を求めると失敗に陥る可能性が高く、長期的な目的意識を持った企業戦略が必要だ。イベント単体で物事を見ずに、その前後のストーリーを常に意識する視点を持って臨むのが良い。

また、個人アスリートへのサポートは、ひとつの試合の結果のみならず、怪我などといったトラブルも起こりうるもの。そうした場合には試合の内容や結果とは別のアングルのストーリーづくりを模索することで、長期的な視点の取り組みを継続することができるだろう。こうしたことをきちんと考えて、シーンやアスリートと一緒に歩んでいくことが鍵である。

どんなイベントをつくるべきか

ブランドとしてインパクトのあるイベントをつくるなら、他のブランドで皆がやっているようなものをやっても意味がない。観客にとって、どの企業がやっても同じだと感じられてしまうなら、つまりブランドとしてのインパクトは残せていないということだ。

それぞれのブランドらしいイベントづくり、という視点はとても大切で、それには先見の明が必要だ。例えば現在では世界的に大きな潮流を生み出しているeスポーツのシーンを支えるような施策などは、少し前であればその代表的な例だったと思う。

しかし何も、常に全く新しいものを一からつくり上げる必要があるとは限らない。ただ既存のものをそのままやるのでなく、〝オリジナリティ溢れるひとひねり〟を加えるという視点が必要になるだろう。

ランニングやバイクのイベントでも、そのロケーションやゴール設定、ルールづくりをひねってみる。野球やサッカーのイベントでも新しいかたちのゲームをつくってみる、という視点を持つことでユニークな企画が生まれる。

他社が手掛けないような、自社らしいイベントをつくることが重要

©Hirotada Arimori / Jason Halayko / Red Bull Content Pool

また、新しいものを考え、立ち上げるときには、私は必ずシーンの意見をたくさん聞いてきた。自分たちがこれから立ち上げようとしている企画が、たとえ我々にはおもしろく見えても、玄人の目で見たら違和感があるということも起こりうる。またそうした状況は、シーンの人たちから「わかってないな」といったふうに、冷たい視線を浴びてしまうものであるため、どうしても避けたいところ。シーンの賛同を得て共に進むことの意義はこれまでも重ねて述べてきたとおりだ。プロの意見を入れて一緒にイベントをつくり上げていくこと、そしてそのパートナー選びもまた重要である。

イベントはあくまで〝手段〟である

最後に、イベントづくりにおいて重要な視点についてひとつ、指摘しておきたい。

懸命に企画を練り、各所を奔走してやっとの思いででき上がっていくイベント。そのくらい疲弊するものでないと、いいイベントには漕ぎ着けられないとさえ思うが、しかしそれによって忘れてしまいがちなことがある。それは、イベント開催自体が全ての目的になってはいけない、ということ。イベントは、最終的に何かを達成するためのひとつの手段であると考えたい。もちろんチケットの券売によって収益を立てるというモデルならば話は別だが、ブランドとしてイベントを開催するならば多くの場合、その主な目的は他にあるはずだ。

イベントを通して何を達成し、そのあとどんな波及効果を残そうとしているのか。

例えばレッドブルのイベントであるならば、イベントを通してブランドを体感してもらい、より多くのブランドラバーをつくることが一番根本的な目的であるはずだ。

また私が渋谷区で携わっている「SOCIAL INNOVATION WEEK SHIBUYA」であるなら、約1週間の間に開催される100以上ものトークセッションや体験イベントを通して、参加者の考えや行動が少しでもより良く変わっていくことが目的だ。現場をうまく回し、より観衆の心に残る時間

渋谷の街の各所で100以上のトークセッションや体験イベントが催される「SOCIAL INNOVATION WEEK SHIBUYA」 ©渋谷未来デザイン

をつくっていくことは、そのための〝手段〟である。ここは結構難しい点で、イベントに力を注げば注ぐほど、最終ゴールがイベント開催になってしまい、自社のビジョンとかけ離れてしまって経営陣からチャチャが入ることもあるだろう。

この問題に陥りがちなのは、広告代理店との協業の仕方にも原因があるのだと思う。代理店が見ているゴールは、イベントを成功させること。しかしブランドのゴールはイベントを手段としてさらにその先にある。この差についてはすでに触れたとおりだが、とかく代理店主導で物事を進めていると、この錯覚に気付けずにいることも多いだろう。これは当たり前のことで、ある部分を切り出して第三者に任せているわけなので誰が悪いということではなく、どこまで自社の考えを浸透させているかの問題である。つまり重要なのはイベントを主催や協賛する担当者が、この手綱をきちんと持っているかどうかなのである。

ブランドとしては、**イベントは、本来の目的を果たすための〝場づくり〟。ブランドや企業のビジョンをアウトプットするための場**なのだということをいつも意識していることが大切である。誤解がないように言うが、興行イベントと、私が言っているブランドとしてのイベントへの参加はあくまでも別物としてとらえている点だけは注記しておきたい。

ATHLETE

第6章

シーンとコミュニティのこれから、社会との接点

BRAND

シーンとコミュニティを支えるために、自社内の意識改革を促す

これまで、いかにしてブランドがファンづくりをしていくかという課題について、基本的にとるべきスタンスと具体的な手法について語ってきたが、それには長期的な視点が必要で一朝一夕にはいかないこと、また、スポット的な取り組みではなくシーンならそれ全体に対する貢献を、アスリートなら人と人として心から向き合った貢献や対応を視野に入れて行動すべきこと、そしてそのブランドならではの〝らしさ〟をどう打ち出すか、といったようなところがキーポイントとして見えてきたことと思う。

つまり我々は、単発的なプロジェクトとしてイベントやキャンペーンを成功させるという視点で行動するのではなく、シーンと共に文化を醸成し、アスリートと共に活発なコミュニティを形成していくことを目指すべきであるということだ。

そのなかでブランドメッセージを発信するからこそ、その想いは最大化されて観衆に届くことになる。

東京でのオリンピック・パラリンピック開催に向けて、多くの企業がスポーツとのかかわりを軸にした様々な取り組みを行ってきたが、これがひとつのピークになるようにも思う。言い方を換えれば、これだけスポーツへの注目が出てきたことはいいことだが、そのうちどれだけの数の企業・ブランドが、オリンピック・パラリンピック後にも継続してそのような取り組みを行っていくだろうかという心配の気持ちがあることは否めない。

特にまだ新興と言えるスケートボードやＢＭＸなどのストリートスポーツやボルダリングなどといった競技の場合、小さなシーンであるがゆえに、あるピークを過ぎて企業が関心を寄せなくなるような、言わばハシゴを外すような事態になることはどうか避けてほしいという思いがある。いずれにしろ、オリンピック・パラリンピック以降にスポーツを通じた取り組みをどのように打ち出していくかは、企業によって判断が分かれるところだろうと想像している。

このように、オリンピックやパラリンピック、サッカーやラグビーワールドカップの開催など、大規模なスポーツイベントに世間の大きな関心が集まるのに合わせて、様々な企業やブランドの関心もまたスポーツへと向けられるのを目の当たりにし、また、その後その熱量が収束していくことを想像すると、転じて、企業やブランドとして流行に左右されず継続的に支援し続けることの難しさにも思い至る。

ここまで本書では、一過性の風潮にとらわれず長期的にシーンやコミュニティとかかわっていくことの意義について再三にわたり論じてきたが、企業やブランドが長くシーンやコミュニティとかかわり続けるには、そもそもそうした活動を企業のスタンスとして定着させる必要がある。つまり、その活動を企業戦略の一部として埋め込む必要があるだろう。スポーツシーンを支援することに対する社内での意識が、もし一過性のキャンペーン施策と変わらないものであるなら、まずやらなければならないことは社内の意識改革であろう。

シーンを支えることはカルチャーをつくること

意識を変える糸口のひとつは、**「スポーツシーンを支えることは、文化をつくり育むことである」**という考え方のなかにある。

先日、ブレイクダンス（Breaking）のダンサー・KATSU1が述べた言葉にあらためてハッとさせられた。彼は「アーバンスポーツ サミット２０１９」というイベントでのパネルディスカッションにおいて、「僕たちがやっているのはスポーツじゃなくて、カルチャーだ」と胸を張って言ってのけた。そのとおり、彼らのブレイクダンスというスポーツは特にだが、単なるスポーツとしてだけでなく、カルチャーとしての側面も大きい。音楽やファッションとも強く結びつきながら、また、それぞれの地元愛を背景に持ちながらもより高みを目指し、それでもなお選手が互いをリスペクトし、共にシーンを大きくしていこうという大きなうねりを常に生み出している。これはまさに単なるスポーツではなく、カルチャーと呼ばれるべきものだと思う。

こうしたことは、大企業のなかで普段あまりストリートスポーツに触れない人にとっては目から鱗な話なのではないだろうか。こうしたシーンを企業として支えることは、つまり文化を支えることになり、企業が継続的に取り組むことの意義を見出す糸口のひとつになり得るだろう。

また、こうした小さなシーンは、シーン同士の横の繋がりが強い。大会を行うにも複数の競技でまとまって開催されたり、規模が大きくなればさながら〝フェス〟のような様相になることもある。また、ストリートスポーツは特に、選手やファンたちがグローバルなネットワークを持っていることが多く、国境なく繋がりやすいという土壌がある。そんな横の繋がりのある場では垣根を越えた交流が生まれ、文化は広がっていく。これからの時代のファン形成とは、最初からひとつの大きなものをつくろうとするのではなく、小さな文化を横に繋げて広げることで大きな波及効果を生み、たくさんの人を巻き込み、やがて大きな文化と呼べるようなものになっていくといったイメージで取り組むべきものなのではないかと、最近私は思っている。

「アーバンスポーツ サミット2019」同様、渋谷未来デザインに所属してからかかわった「SOCIAL INNOVATION WEEK SHIBUYA」で出会った、とあるダンスクルーを見ていてもまたひとつハッとさせられた。

彼らの名前は、ILL-Abilities（イル・アビリティーズ）。障がいを持つダンサーが多国籍に集まったブレイクダンスチームだ。彼らが見せてくれたパフォーマンスは圧巻。見ていて気づくのは、障がいのあるなしはもはや関係なく単純に感動できるステージがそこに繰り広げられているということ。そしてこれは、目の当たりにすることさえできれば誰もが味わうことのできる感動と興奮であるということ。私はそこに大きな可能性を感じた。前述のB－BOY KATSU1がそのとき「体の障がいも個性」と語ったが、言い換えれば、人に皆個性があり、個性を持っている限り全ての人が〝マイノリティ〟である。障がいというとなんだか距離を置いた言い方だと感じるが、マイノリティという言葉に置き換えただけで距離感が縮まった気がするのは自分だけだろうか。多分自分もマイノリティな部類だとも思っている。〝ダイバーシティ&インクルージョン〟といったようなことが昨今、企業のブランディングや採用戦略においても聞かれるようになってきたが、こうした活動や取り組みも今後もっと企業やブランドとして行いやすくなるだろうと感じた。また、まだシーンが小さな現状において、彼らを早い段階から支えていくことは、企業にとってチャンスだとも言えるだろう。

CSRからCSV、さらにはマーケティングとして進化させるまで

スポーツシーンやアスリートの支援を継続的に行うために、それを企業戦略の一部として埋め込むにはどうすればいいのか。その具体的な方策は他にもある。それはできるだけ会社全体を巻き込むプロジェクトにするということ。

社内を大きく巻き込むことでプロジェクトが進めやすくなるというのは前述したとおりだが、複数の部署を巻き込んで進めることでそこに会社としての意義を見出すことができるはずだ。そ

れを突き詰めることで、プロジェクトは企業戦略に近づいていくだろう。

ただ、部署の壁を越えてプロジェクトを進めることで、それぞれがバラバラの視点を持って取り組んでしまうことは避けたい。例えばアスリートとの接点が広報部だけだと、広報よりの視点に偏ったものになってしまうだろうし、あるいは営業部ならアスリートに対して商材的な視点が強いものになってしまうかもしれない。そのプロジェクトに取り組むにあたって、企業全体にとっての意義を明確にして、ひとつのチームとしてやるべきことを考える必要がある。

たとえばレッドブル時代の事例では、スポーツマーケティングチームが足繁くいろんな現場へ赴きアスリートを見て、どういう人が自分たちのブランドに合うのかを見極め、コミュニケーションチームやPRチームがそこからどういうストーリーを紡ぎ出せるのかを考え、さらにそれを営業部チームが営業ツールとして活用する方法を模索し、ブランドチームが最終的にどんなふうにブランド価値を高めることに繋げるのかを考える、といったように、それぞれがバランスをとりながら各自の役割のなかに落とし込んでいき、且つ、互いのメリットを害さず増幅するよう心がけることができていた。そこで大切だったのはチームが一体化して考えられる目線であり、また、スポーツやアスリートの情報がきちんと全体にまわっているということだった。ここには全体を大きな視点でまとめあげるリーダーシップも必須で、社内各部門の思惑をどれだけ会社全体のビジョンという点にまで目線を高められるかもポイントである。

そうしたなかでも私が特によく意識するのは、**〝ＣＳＲとマーケティングの両軸でまわす〟**という考え方だ。

スポーツシーンやアスリートの支援というのは、金銭面での直接的な利益には繋がりにくく、企業にとっては社会貢献のような位置付けとして、例えばＣＳＲの一環としてとらえられがちだ。しかし前述のように社内で複数部署にわたる横串の連携体制をつくってプロジェクトに臨むことができていれば、ＣＳＲ面だけでなくより実利益に寄ったマーケティング的な価値も見出すことができるはずである。最近よく耳にするＣＳＶ（Creating Shared Value）がまさしくその方向だと思うが、そうした多面的な見方ができるような体制づくりが、長期的な取り組みを継続するためのキーになる。

例えば話をオリンピック・パラリンピックに寄せて考えてみると、開催に向けてこれまで、大手企業にはオリパラ推進事業部のような部署が置かれてきたわけだが、これがオリンピック・パラリンピック終了後にはどうなるのか。各社が引き続きスポーツマーケティングを継続していくという視点では、おそらく「オリパラ推進事業部」では受け皿になることは難しいだろうと思う。

「オリパラ」という枠組みがなくなってから先も継続するために何が必要かを考えるのが今（オリンピック・パラリンピック開催前）の課題であり、その解のひとつはおそらく、やはり社内を横串で繋ぐプラットフォームを今から形成しておくことだろうと思われる。

社会的な意義を持てるか？

ＣＳＶ、社会貢献、という話題が出てきたが、これからのマーケティングを考えるにあたり、社会に対してどんな価値を還元できるかという視点はとても重要なものになってくるだろうと感じる。

いまや企業は、モノを売る時代を経て、次のフェーズに入っているとさえ言えると思う。ブランド、マーケティング担当者は、極論的にはモノやサービスを売るためのことを考えるのはもちろん日々の仕事であるわけだが、それだけやっていてもモノは売れないのがこれからの時代なのだろう。企業やブランドの活動のなかに、どれだけ社会的な意味合いを見出せるか、それをいかに消費者に感じてもらえるか。裏を返せば、消費者が各企業やブランドの社会貢献度をみて消費先を決めるような機運が高まる時代にあって、社会的な意義や社会への貢献というものはこれから、企業やブランドにとって真剣に取り組むべき課題になる。

その意味で、スポーツを取り巻く小さなカルチャーの一つひとつを企業として支えていくことは、まだ未成熟でポテンシャルが未知ということもあり、実に有効なマーケティング手法だとも考えられる。

社会的な意義、ということに関連して、私が現在携わっている一般社団法人 渋谷未来デザインの取り組みについて紹介しておきたい。

多様性に満ちた個性を活かした街づくりを推進している渋谷区。その外郭団体として2018年に設立された渋谷未来デザインは、先に述べたように産官学民の共創モデルをもってオープンイノベーションで社会課題に向き合い、新しい価値を生み出す事業を推進・支援する組織だ。

私はこの、産官学民の共創モデルに非常に大きな可能性を感じている。社会に貢献すること、社会課題を解決することにおいて、「一人」や「一社」のちからよりも、より多くの、そしてより多様なキャラクターの「集合体」として取り組むことで、大きな推進力、実現力を生むことができる。巻き込むものは何も企業だけではない。もちろんアスリートや、アーティスト、クリエイターをはじめ、行政や教育・研究機関、NPO、あるいは商店会・商工会議所や市民。社会というのは様々な個性の集まった複雑なものであるがゆえ、そこに良い変革をもたらそうとするな

渋谷未来デザインの活動モデル

らば、その発信者側も多様な可能性を持ったチームであることで、新しい価値を生み出すことができるのではないか。少しずつの実感と共に、そうした確信を日々強めている。

レッドブル・ジャパンを退社後、なぜ渋谷という街をつくっていく仕事に携わることにしたのか。それをここで少し語っておきたい。

「え、次はそこに行くの？」

今までお付き合いがあったマーケティング関係者に、私の「次の仕事」について伝えたときの多くの反応はそれだった。

長年にわたって外資系企業でマーケティングを担当してきた。レッドブルの次にどんな仕事をしようかとすごく悩みながらも、次はもっと社会に貢献する仕事がしたいとずっと思っていた。

レッドブル・ジャパンは渋谷に本社を置く企業で、様々なプロジェクトで渋谷区関係者と協働することもあったので、渋谷未来デザインを立ち上げる準備室にメンバーとして招かれたときにはワクワクした。

レッドブル時代のプロジェクトとして、街の活性化に苦心する地域の行政との連動なども多々あったことは前述したとおりだが、そうしたプロジェクトによって「街のイメージを変えたい」「新しいチャレンジをしたい」というリクエストをたくさんもらってきていた。そんななか、行政や警察、そして住民のサポートを全面的に受けて、同じ目的を持って、参加者の感動や住民の笑顔をつくってきた経験は、今の私の方向性の基盤となった。

レッドブルに在籍した10年間で学んだことは、どんな活動も全ては「人」だということ。商品を売ることも、最終的には「人」の役に立つことが大事だ。エナジードリンクを売るだけでなく、それを飲んで元気になり、次への一歩に繋げる。商品をただ飲むだけでなく、ブランドが人とその人のアイデアに翼をさずけ、それが夢の実現のちからになる。

これは街に置き換えても同じだ。街には多くのリソースがある。各地がその特異性を持ってブランドをつくり、その地域の人に誇りを持ってもらい長く住んでもらう。そして訪れる人には最高の体験をしてもらい、また訪れてもらえるよう趣向を凝らす。

とにかく全ては「人」が中心だ。ブランドをつくり、愛着を感じてもらい、そこから口コミを広げて発信し、さらに多くの人に消費者になってもらう。これまでに培った経験が、そんな街づくりにも活かすことができるのではないかと考えた。

私のようなちっぽけな存在が、社会を動かすなんておこがましい。ただ、このような個人がたくさん生まれることで、行政や学校、企業を巻き込んで、数年後には何かおもしろいことが生まれるのではないかと思っている。

第2部

ATHLETE

×

BRAND

ここまでは、あくまでも私なりの経験と考えを中心にまとめてきたが、第2部では少し客観的な視点で皆さんにお伝えしたいと思い、4名の方に対談というかたちでご協力いただき、興味深いお話をお聞きすることができた。

アスリートの視点、アスリートを支援する企業の視点、広告代理店やイベント、街づくりなど幅広い経験からの視点、アスリートマネジメントの視点という4つの視点から、この本のテーマである“熱量の高いファンとの関わりやブランドや企業のあり方”について語ってもらった。

対談 1 共鳴し、周囲を巻き込む、アスリートとブランド担当者の熱量

©Yusuke Kashiwazaki / PATHFINDER

室屋義秀さん
（レッドブル・エアレース・パイロット／エアロバティック・パイロット）

本書のなかでこれまで何度となく言及してきた「Red Bull Air Race」は、私がレッドブル・ジャパンに従事したなかでもその初期から携わり、試行錯誤しながら進めたプロジェクトであるため、特に思い入れの深いもののひとつだ。当然、その中心人物となるアスリート・室屋義秀さんとは互いに価値観や意見を共有し合い、切磋琢磨して歩んできた。
そんな室屋さんに、アスリートとしてブランドと行動を共にする際の信念、アスリートとしてあるべき姿や、逆にブランド側がどうあるべきかといったところを、あらためて語ってもらった。

スポンサーに対して、アスリートとして譲れないこと

長田 ちょっと振り返って、「Red Bull Air Race」には何年間参戦したんでしたっけ?

室屋 2009年、10年、14、15、16、17、18、19年と、8シーズンやって54レース。8勝できて一度チャンピオンも取れました。

長田 ブランドをはじめ、いろいろな会社からサポートを受けられていると思いますが、一緒にワールドチャンピオンを目指すために、ブランドとはどういう付き合い方を心がけてきましたか?

室屋 最初は、自分が子どもの頃から憧れていたスポーツをただやりたいという思いだけでした。たぶんアスリートはみんなそう。それでいいと思います。ただ、年を重ねてからわかったことですが、企業側としてはアスリートにお金を出す理由が必要。企業には従業員がいて、日々汗を流して働いてせっかく出した利益をどこかの「よそ者」のために使うわけですから、そこには何か、働いている人、もちろん株主もコンシューマーも納得できる理由が要るというのが社会的な考え方。

若いアスリートに対してそういう仕組みをちゃんと勉強する機会を与えてあげた方がいいんじゃないかなと思います。みんな知らないと思うんですよね。レッドブルがスポンサーになってくれ

てラッキー！　ステッカーを貼ればお金がもらえる。あとは帽子かぶってりゃいいでしょ、っていうふうに考えてると思うんです。

長田　室屋さんも最初、そんな感じだったんですか？

室屋　最初はそんな感じでしたね。やったー！　みたいな。でも、スポンサーうんぬんみたいなところを少しは考えていました。僕、普通のアスリートに比べてたくさん、2000件か3000件は営業しているんですよ。その中で、いろいろ怒られたり叩かれたりもしながら、どうやったらスポンサーが取れるか、ほかの人よりは真剣に考え、勉強していったところがあるので。

アスリートは、スポンサーが決まったらすぐ練習。それでいいのですが、でもなぜ企業が費用を出してサポートしてくれるのか、支持者が支援してくれるのかということを理解しておかなければいけない。少なくとも、その仕組みは勉強しておく必要があると思います。

アスリートはいろいろなスポーツで世界を極めることが仕事ではありますが、社会に生きている人間として、なぜスポーツをさせてもらうことができているのかを自問するべき。そこに価値があるから誰かが支援してくれる。何が価値かはそれぞれの企業や支援者で違うと思いますが、自分なりの解みたいなものは常に探していく必要があると思います。そうすれば、企業とどこかでマッチする可能性は結構高い。

企業にとっては、アスリートに共感をして支援をする。それによって、アスリートの持っているエネルギーや考え方を吸収させてもらいたいということじゃないかなと思うんです。

長田　室屋さんの場合は、いろいろ営業活動もされたりと、ちょっと苦労されている部分がありますよね。でも、若いアスリートの場合、いきなりすごくたくさんスポンサーがつくようなこともあります。でも、必ずしも一生ずっとその状況ではいかない。そのあたりはどう考えますか。

室屋　若いアスリートの方が能力は高いので、そうやって売り出してあげるのはいいと思っていますね。ただ、本当に一流の人はどんなに若くても、支援の仕組みや企業のメリットについて考えています。そうでない人は、たぶん1、2年で消えていってる現実がある。その人が生涯をどう生きたいのか、競技者としてどこまでいけるのか、なんとなく自分の理想像を持っている人は強いです。そういう人は、営業活動とかも含めて未来に向かって動いていくので、長く続くのでしょう。

ただアスリートのなかでも、5年ぐらいでいいから結果だけあればいいという人生もあるかもしれないし、仕事をしながらアスリートとしてやっていくとか、もうちょっと下のアマチュアで体を壊さない程度にやりたいという場合もあるでしょう。レベルによって、いろいろ支援の枠組みも違いますよね。

長田　いま、室屋さんにはいくつかのブランドがスポンサーについていて、それぞれの会社に担当者がいると思いますが、そういう方とはどんなコミュニケーションをとっていますか？

室屋　僕らとしては、やることは決めていて、ブランドには左右されないつもりでいます。**支援が途絶えたとしても、自分たちの信念は変えないというスタンス**です。それをキープした上で、考え方に共感してくれる方に、一緒に活動して欲しいということですね。いくらお金がある企業で、何百億という契約の話が来たとしても、考え方が全く相容れなければ乗らない。活動自体はお金のためではないので。

要は、「自分たちは信念、ポリシーを持ってこういうトレーニングをしていて、こういうことを世に広めています。自分たちの価値はこれぐらいですけれど乗ってもらえますか、もらえませんか」というのが基本的なスタイルです。車の企業、時計の企業など、企業によって求められるところは少し違いますが、考え方、フィロソフィーみたいなものは一緒なので、その中で企業のプロモーションにマッチするポイントを探して活動していくという感じです。

長田　ブランド側からもうちょっとプロモーションをやってくれといった要望がどんどん出てきて、これ以上は譲れないみたいなことはあるんでしょうか。

室屋　フライト優先です。それが大前提。芸能活動とフライトがあったら、フライトを優先しますとはっきり言います。その上で、空いた日程でやれるだけのことはこなしていきますということ。フライトに支障がある場合はやりませんと言っています。

伝播するエネルギー、アスリートの価値

長田　さっき、アスリートの価値というお話が出てましたけど、もう少し、その「価値」についてお聞きしたいのですが。

室屋　そもそも、どうしてアスリートを支援するんでしょう。アスリートってスポーツしてるだけで、別に何も生産していないでしょ。

長田　アスリートが活躍をしたり、チャレンジしてる姿が見られたり、応援することで、自分も一緒に成長したいとか。感動は、人にモチベーションを与えてくれますよね。だからオリンピックもエアレースも、みんな観に行くんじゃないでしょうか。

室屋　だけど、だからって別にお金を出さなくてもスポーツは観られる。この世の中はみんな支え合って生きてると思うんです。それぞれが何か他の人の価値になるもの

を提供して生きている。ごはんを作る人もいれば、車をつくる人もいる中で、アスリートはスポーツをして直接的に何かの役に立つかというと、立たないんじゃない？　生活においては無くてもいいものという位置付けになるかな。じゃあどうしてお金を出してくれるの？　と思っていたんです。営業に行くと、なんでお金出さなきゃいけないの？　ってさんざん言われますしね。

僕の考えでは、アスリートは究極的に競技という狭い世界で道を極めていこうとします。その中でいろいろ精神的な、肉体的な、物理的な発見をしながら進んでいくので、人間として、急激に進化していくと思うんです。通常の過程ではなく、ちょっと突然変異みたいなことがあったりとか。例えば、アスリートが進化して、チーターぐらい足の速い子どもが生まれたら、乗り物なんか要らない。みんな走るようになるかもしれない。何億年という範囲で見れば、人が空を飛んでるかもしれない。これまでもアスリート的な存在の人が人類の進化を引っ張ってきたんじゃないか。だから、アスリートは人類の未来のために支援をされる価値がある。

長田　企業にそんなことを話してるんですか？

室屋　アスリートの価値って、そうでも言わない限り認められないはずなんですよ。だって要らないんだもん。あればそれは楽しみだけど、無くても死なない。だったら、お金があるなら食糧支援した方がいいんじゃないかってなるじゃないですか。

長田　営業で2000件回られてた時、そう言われたんですか。

室屋　言われましたね。やっと出した余剰があるんだったら、アスリートの支援なんかより、従業員の賞与ですよね、当然。頑張ってきた従業員にどうして還元しないのっていうことになる。そこについてはやっぱり説明がつきにくいと思うんですよ。

長田　では、それでも支援をしている企業というのは、どういう考えなんだと思いますか？

室屋　会社の理念によるのだと思います。見えないものや世界と戦う、そういう理念を持っている会社であれば、アスリートの持っているエネルギーをもらいたいという感じがあるのかなと思っています。我々は競技しかしてないけれど、それを成し遂げようというエネルギーはたぶん一般の人よりかなり強い。すごい熱を持っているんです。企業にいる人も、みんな情熱や感動は同じくらい持っているんだけど、ほとんどの人がその燃やし方を知らない。心のどこに情熱があるのか気付けていないから、たぶん9割くらいの人が、日々ちょっと鬱憤のたまった生活を送っているんですよ。でも、**アスリートの持っているエネルギーが企業の中に伝播することで、社員それぞれの持っているエネルギーに飛び火していくというようなことが起きてくるし、当然お客さんにもその熱が伝わり、企業自身のエネルギーにも繋がる。**それがアスリートを支援する企業の本当のメリットじゃないかなと思います。

長田　そう考えると、いわゆる企業がアスリートをプロモーションとして打ち出す広告などもそうですが、企業の持っているエネルギーを膨らませていく、一緒になって価値を高めていくということが大事だと。

室屋　アスリートを売るのは社内にいる人です。一番近いところにいる人が「この人を応援したい」と思うエネルギーがなかったら、他の人にはもっと薄まって伝わります。次に伝わるわけがない。そうするとアスリートの価値は下がります。そこがアスリートとタレントの違いですよね。興味が得られなければ1年や2年で終わってしまう。いろんなアスリートを見てて思いますね。

魂が共鳴し奇跡が起きる

長田　今までそういったスポンサーにサポートしてもらったいい事例、反対にうまくいかなかった事例はありますか。

室屋　思想に共鳴してくれて、いろいろ話ができる企業とは当然長く続いています。今まで感動的なプロジェクトを数多くやってきました。例えばレッドブルで言えば、フライトパフォーマンスから始まって、いろんな許可取りや、Red Bull Air Raceを誘致するところまで、レッドブル・

ジャパンの力でできたんです。メディアへの露出も含めて裏で支えてもらったことで、エアレースや僕自身も企業に認知されました。福島ではタクシーの運転手さんまでもが、こういう世界のことを喋っているらしいんです。それを生みだしたのはレッドブルの引き金があったからこそだと思います。

また、ジェット機の編隊飛行チームを保有するブライトリングからは、東日本大震災の直後にスイスから日本に飛び、福島を日本の最終目的地にしよう、という話がありました。放射能の問題とかで拒否されたりもしましたが、それでも来たんです。2、3万人集まっていて、海沿いの小名浜というところでエアショーを行う予定が結局、直前の霧で飛べなくなってしまった。でも誰も文句を言わなかったんです。ともかく福島まで来てくれてありがとうと。震災後のあの時期、外国人は福島に来ないわけですから。結果としては飛べなかったんですけど、感動的に終わって。その3か月後に再び福島に飛んできてくれて、エアショーを披露してくれた。みんな涙を流して観ていました。飛行機を飛ばすことができる僕らと、皆さんの震災に対する想いがマッチした結果として、多くの人が涙するフライトができたことが嬉しくて。そういうのがうまくいった事例だと思っています。

魂が共鳴した、ソウルが繋がった時は奇跡的なことが起こるし、感動的なプロジェクトになる。

逆にうまくいかないのは、代理店のみが中心になって進めているもの。ちょっと温度感が違う。相手の担当者に熱量が足りないと、こういう感動的なプロジェクトには繋がらないですね。たとえそれなりのプロモーションはできても、本当に人々の心に一生残るようなプロジェクトはできないんだなと思います。

長田　どうしてなんでしょうね。

室屋　僕らも担当者もそうだけど、**熱量というものは伝わると思うんです。**それが最初に火種として伝わって、人々にバーッと伝播する、広まる瞬間があって、Red Bull Air Raceで言うと、ファンの人、ビーチにいた人、みんなに熱量が伝わったああいう状態にはそう簡単にはならないと思うんですね。火がついてしまった状態になると、人々はありがとうと思い、これを支えているのはレッドブルさんなのねということになる。

長田　最初は、チケットもなかなか売れませんでしたからね。

室屋　僕らが手がけるものは時間がかかるし、短期的には結果が見えないようなものが多いかもしれません。

担当者の熱量、巻き込み共に歩む力

長田　レッドブルは飲料なんですけど、そもそも室屋さんはエナジードリンクは好きだったんですか。

室屋　昔はそもそもなかったですよね。今は飲みますね。

長田　ご自分の中で必要なものになってますか。「アスリートは生活において無くてもいいもの」とおっしゃいましたけど、エナジードリンクも、無くても生きていける。

室屋　**プロダクトというよりもレッドブルの持つソウル、フィロソフィーに共鳴しています。**「Gives You Wings（翼をさずける）」という信念がベースにありながら、言ってしまえば、完全に〝生活に不要なこと〟もいっぱいやっていますよね。アスリートから見れば「こんなにしてもらえるの？」っていうところがたくさんあるし、そういう部分には極めて共鳴をしています。

長田　不要なことって、どんなことがありますか？

室屋　アスリート・パフォーマンス・センターやＤＴＣ（※レッドブルが運営するアスリート専用の施設）、遊びの延長のような感じで海外に連れて行ってもらったりとか。でもああいうことは若い人にはすごく経験になりますよ。そういう機会を与えてくれる会社の考え方、体制にはすごく共鳴するところがありますね。数字だけを追い求めると、費用がどうのこうのとなって始まらない。

長田　エアレースは、レッドブル・ジャパンのある担当者が気持ちを込めたもの。私はずっと一緒にチームで仕事してましたけど、ああいう存在って企業であんまり見ないと思うんですけど、どうですか。

室屋　あの人は企業にいるから変なだけで。ああいう起業家、革命家みたいな人、意外と僕はいると思います。僕も結構そのタイプですよ。世の歴史として、第1世代の人は利益も何もなく、ただ、突撃して行って穴を開けて終わり。第2世代がちゃんと業務をシステム化して組んで行って、堅牢な社会的に見ていいねと言われるものを作っていけばいいいんです。ああいう人がいたからできたというところもある。

長田　そういう存在がいて、それを支えるチームが必要。その周りにもいろいろな人たちがいて、あとは、ファンの存在も重要ですね。

室屋　ひとりで飛んでも面白くもなんともないんですよ。**みんなでやるプロジェクトってひとりじゃ結局なんにもできない。**こういう航空を広めたいとかレースを見せたいとか、熱い人たちがいろいろ集まってきて、最初のグループを作りました。そこから膨らんでいって、レッドブル・ジャパンも最初に巻き込まれた。そうやって、みんな巻き込まれ事故みたいな感じでスタートしていくんですよね。そのなかでファンも必要な要素です。世の中は有機的に繋がっていて、どれが欠けても成立しません。

航空スポーツを広めたい、アスリートとして伝えたいと、フィロソフィーを共有して活動するなかで、周囲は自然とついて来てくれた。もちろん放っておいてついて来るわけではなく、考えを共有してそれぞれが手を差し伸べ合っていくことでどんどん大きくなってきたんじゃないかなと思います。

長田　ちなみに室屋さんのファンはどういう人が多いんですか。女性が多いんですか。

室屋　男性の方が多くて、割合にすると6：4か7：3ぐらいかな。

長田　モータースポーツにしては、女性も多いですよね。

室屋　多いですよ。だって昔、男性が95%くらいでしたから。女性がいま一気に増えています。40代くらいの人がコアなファンですね。

長田　2017年にGLAYさんと一緒にキャンペーンやライブをやった時に、たくさん女性ファンが来て室屋さんを応援していた姿を思い出したんですけど、ああいうかたちでアーティストと一緒にプロモーションするというのは、どうでしたか？

室屋　いいですよね。思想が合えばどんなものでもできると思います。それぞれのいいものを持ち寄ればいいんだから。

長田　GLAYさんはどんなところがよかったですか。

室屋　話もできたし、ごはんを一緒に食べたりする機会もあって、彼らのファンに対する考え方とか、自分たちの音楽は今はメガヒットしなくてもいいんだ、みたいな、ああいう生き方ってすがすがしいですよね。お金とか名誉に縛られてないから、自然とファンがついて来てくれる。それまでも、基本的には好きでしたよ。でもパーソナリティは知らなかったから、誰でも知ってるGLAYと写メ撮ったら自慢できるかなって最初はそんなところでした。でもそこで、一歩踏み込んでその人のエネルギーを見る。アスリートを支援する気持ちはそういうところから生まれるんでしょうね。

長田　最後に、企業側のマーケターやブランド担当者など、アスリートをどう支持したらいいのか悩んでいる人たちに対して、アドバイスをもらえますか？

室屋　今までの経験でいくと、**担当の人に極めて熱量があって、その人が「絶対にいい」と思っていない限りうまくいった試しがありません。本当に担当者次第だと思っています。**担当の人が惚れ込んでくれない限り、絶対始まりませんね。マイナーな世界だと、担当者がともかく惚れ込む。「こいつはすげえ」と。それしかないんじゃないかなと思っています。担当者がそこまで想いを込められれば、きっと社内も説得できるんじゃないでしょうか。

でも、アスリートに「こういうこと喋ってよ」って言ってもウソになるので、担当者がどうにか通すのが絶対にいいと思います。企業とそのスポーツとの接点は何か必要ですが、企業理念とアスリートの理念が合ってれば、必ず解はあります。反対にそこがズレていると無理だと思います。

その意味で、企業側のマーケターやブランド担当者の方には、「自社の企業理念、正しく理解していますか?」と問いたい。企業の行動規範も含めて、深層のところまでどういう会社であるべきだということを正しく理解することが重要だと思いますね。そして、その理念に合う人を探す。そうすれば、必ずいいことが起きるはずです。

まとめ

エアレースは一旦大会としては2019年にて終了したが、アスリート・室屋義秀としての挑戦と進化はまだまだ続く。スポーツにはシナリオがない、だから人を魅了する。最初に出会ってから、彼の熱い想いと常に挑戦し続ける姿に個人的に魅了されながら、ブランドとして共に切磋琢磨して歩んできた。そこで感じることはやはり、企業理念とアスリートの理念が合っていれば必ず解はあるという言葉に尽きる。企業のマーケターやブランド担当者が自社の企業理念を正しく理解して、彼らの活動と掛け合わせることができるかが鍵である。

プロモーションのみ単体で考えるのではなく、企業の行動規範も含めて深層のところまで、つまり会社のあるべき姿をどう表現できるかが最終的には企業やブランドのプロモーションに繋がり、ファンを魅了するところまで地続きになっていると思う。そこにいかに力を注げるのかが大事だ。非効率と言われればそうかもしれないが、一つひとつの取り組みに対してそのくらい考え込んで集中してやってみることから次なるステップが見えてくるのだと思っている。

対談 2 支援を始めた企業から見たスポーツとアスリートの可能性

木村弘毅さん
（株式会社ミクシィ 代表取締役社長）

お話を聞くのは、株式会社ミクシィの代表取締役社長の木村弘毅さん。

渋谷区の企業であり、渋谷未来デザインのパートナーとして、様々なプロジェクトをご一緒しているが、その中でも15歳以下のストリートスポーツプロジェクト“NEXT GENERATIONS”を継続的にサポートしてくれているメンバーでもある。

SNSから始まり、ゲームそしてスポーツチームやアスリートに対する支援事業を展開し、また2020年2月にはアスリート・チームへの新しい応援のカタチをコンセプトとした“スポーツギフティングサービス”「Unlim」を立ち上げるなど、常にチャレンジをしている同社。私もストリートスポーツのアスリートへの取り組みなどを積極的に行っていることもあり、今回事業会社という立場からのスポーツへの想いやコミュニティづくりなどいろいろと聞いてみた。

アクティベーションこそ本質。〝わざわざ〟人と会う場づくり

木村　僕はずっとコミュニケーションをテーマに考え続けてきた人間なのですが、それは大学生の頃に、ふと「自分が楽しいと思えることってなんだろう、それに共通するものは？」と考えたことがきっかけでした。僕が楽しいと思えるのは友達とゲームをしたり、スポーツをしたり、しゃべったりすること。そこに共通しているのがコミュニケーションだと気づいたんです。それまで漠然と「エンタメ業界にいきたい」とは思っていたのですが、インターネットの発達でＳＮＳというコミュニケーションの王様のような、いつでも友達と繋がっていられるものができた。これはものすごい革命だなって思って、それでミクシィに入社したんです。

非同期型のコミュニケーション、つまり一緒にいないときにどう家族や友人と繋がるかというのはＳＮＳでケアできるのですが、さらに「実際に人と会っている空間をもっと僕らの力で盛り上げたい、楽しませたい」と考えて作ったのが『モンスト（モンスターストライク）』です。モンストはわざわざ人と会って遊ぶゲーム。昔、お茶の間に集まってファミコンをやっていたように、スマホを持ち寄ればみんなで遊べるというサービスを作りたいと考えたんです。これはあ

る意味で時代と逆行していて、オンラインゲームを完全に否定している。やはり僕の中には一貫して「友達あるいは家族、親しい人とのコミュニケーションを豊かにするにはどうしたらいいのか」というテーマがあるからです。ミクシィもまた友人関係にフォーカスをしていて、ハンドルネームで呼び合うような知らない人同士のコミュニケーションには全く興味がないんですよね。

長田　なるほど、確かにミクシィはそうですよね。最近ではポケモンGOやドラゴンクエストウォークとかもリアルで遊ぶものとして話題になりましたが、モンストがリリースされて6年、スマホだけど、家族や友達と集まって遊ぶというかたちは理想的な姿になってきましたか？

木村　そうですね。そこに特化してやってきたからこそ、ゲームの素人である僕らが立っていられるのではないかと思っています。世の中にオンラインゲームが星の数ほどある中で、「友達や家族とその場で、みんなでワイワイっていうところを満たすソリューション」という立ち位置で戦っているからこそ、独自性を出せているのかなと。だから僕たちはモンストを売ろうとは考えていなくて、カラオケや居酒屋のように「友達と会ったけれど、何かやることないかな」というときに選択されるものにしたいと考えています。

長田　そんなミクシィさんがスポーツの支援を始められたのはなぜですか？

木村　いくつかの事業を作っていく中で、その場に集まって盛り上がれる空間を提供できるものってほかに何があるだろう、と考えたんです。勝った負けた、1点入った、入らなかったということでみんなが一喜一憂できる。**僕はスポーツほど多くの人を一気に元気づけられるものはない**と思っていて。コミュニケーションという文脈の中で、次に投資をしていくべき、まだまだ未開発で、レバレッジがかかりやすいものがスポーツだったんです。

長田　次はスポーツだって思い浮かべたのはいつごろなんですか?

木村　3年ぐらい前からですかね。モンストが今6周年なんですけど、ゲーム業界の人たちに「おめでとう!　ゲームタイトルを一本当てたら一生食っていけるよ」って言われて、僕はそれがすごく嫌で。「モンストの人」ってくくられたくないんですよね。僕のテーマはコミュニケーションなので、「モンストの人」とか「ゲームクリエイター」から逃れたくて、その中で自分の発想を広げるために、エンターテインメントでゲームとも隣接している、だけど今までとは全然違う分野であるスポーツに目を向けるようになりました。

長田　ミクシィさんがどういう視点で取り組まれているのか教えていただけますか?

木村　休日に家族で行く場所を考えるときにライブエンターテインメントとしてスポーツ観戦が選択肢にもっと挙がるようになるといいなと考えています。ディズニーランドに行くのか、ＦＣ東京の試合を観戦するために味の素スタジアムに行くのか、っていうのが並列に語られるようになってほしい。そして、チームスポーツだけじゃなくて個人競技のアスリートに関してもさらに人気が出そうな選手であるとか、今後もっと広がるポテンシャルがある競技を応援していきます。やっぱり舞台の大きさだとか、その人が勝った負けたっていうところを多くの人に共感してもらえる題材かどうかっていうのは、ビジネスとしてシビアに見ています。

長田　企業によってはアクティベーションをあまりしなかったり、全て代理店に任せたりということも多いようですが、スポンサーという立場で、アスリートとの付き合い方においてこだわっていることはありますか？

木村　アクティベーションこそが本質だと思っていて、なんならロゴなんて出さなくてもいいと思っているんですね。**僕たちがやりたいのは、みんなで盛り上がる「場所」を作ることなので、興味があるのはどうしたら楽しい場が作れるかということ。**だから、例えば競技会場やイベントで使う音楽を作ったり、そういうことをやらせてくれるっていうのが重要ですね。自分たちのクリエイティビティを発揮できる余地があることが嬉しいです。

長田　ただ単にロゴだけをつけるっていうことではなく、自分たちの持っているリソースをどういうふうに使って場を作っていけるかというのが、コミュニケーションに繋がってくるんでしょうか？

木村　そうですね。例えばＦＣ東京のホームゲームで「青赤パーク」っていう、体験イベントやグルメを楽しめるもののお手伝いをうちでやらせてもらっていて、以前の「青赤横丁」からコンセプトごとがらっと変えさせていただいたんです。そうしたら飲食ブースに待機列ができるほど盛況で。そこまで人が集まるのは、試合のチケットを持っていない人でも楽しめる広場として作っているっていうこともあるのではないかと。そこまでやると、友達や家族との休日の行楽として「スタジアム」が選択肢に入ってきますよね。うちらしいコミュニケーションをつくることができて、クラブにも地域にも貢献ができるのでこれはすごく嬉しいですね。

結末の見えないドラマが生む感動と興奮

長田　ミクシィさんは神宮球場を拠点とするプロ野球の東京ヤクルトスワローズとスポンサー契約を結ばれていますね。神宮球場は都心のすごく良い場所にありますが、そこにフォーカスされた理由はなんですか？

木村　みんなで集まれてオープンエアで、しかも都心。こんな条件の揃う場所ってなかなかないですよ。ここなら、場所づくりもいろいろなやり方ができるのかなと。今は、スポーツや興業というとドーム型やアリーナで全天候型っていうのが有利だという風潮がありますが、僕はオープンカーみたいに屋根が開いている空間って実は贅沢なことだと思っていて。昔は野外フェスとか行っていましたが、フジロックとか十中八九雨が降りますからね。「雨だ、ウワーッ！」ってびしょびしょになりながら、でも、そこに非日常があるというか。自然の中だから許されるものってありますよね。都会ですぐそこに屋根があるのに濡れるのは嫌だって思うかもしれないですけど、非日常だから許される。だから、オープンエアの神宮だからこそできる、お金にかえられる方法があると思うんです。そういったことを含めて面白いことできないのかなって。神宮でしか体験できないものがあるんじゃないかっていうのがベースにありますね。

長田　木村さんの「非日常」のお話から思い出したんですが、私も神宮球場が好きで。前職でスワローズ対阪神戦の催しとして、レッドブル・レーシングのF1カーを走らせたことがあるんです。それはもちろんサプライズや応援でもあるんですけど、野球のファンと車のファンを交流させることが目的でした。普段はサーキットの中をメイン会場としてレースをしているモータースポーツを観てもらう機会にもなるし、それで「今度はレースを観に行ってみようかな」と思ってもらえたらいいなっていう。芝生が耐えうる速度を綿密に計算して、トップドライバーとメカニカルに来てもらって。お客さんはもちろん、野球選手の方にも盛り上がっていただけました。

木村　本当に芝生の上を走ったんですか！　試合中に？

長田　試合の間、5回裏のスワローズの攻撃が終わった後ですね。チアの車版、というか（笑）。スワローズさんに柔軟に対応していただけて実現しました。ハラハラドキドキしながらやったんですけど、そういうクロスジャンルというか、お互いのファン層をもっと広げて楽しもうっていう企画で。

日常の中の非日常的な時間や楽しさだったり、フェスでの雨だったりというものは、やっぱり人にとっては思い出になったり、モチベーションになったり、次のきっかけになったりっていうことがあるじゃないですか。そういうのはスポーツにとっても大切ですよね。

スポーツと他のエンターテインメントの違いとして、スポーツは結果が見えないから心が揺さぶられるという点があると思うんですけど、ミクシィさんがライブなどのエンタメではなくスポーツを選ばれたというのもそういう視点からでしょうか？

木村　そうですね、**まさしく筋書きのないドラマという感じで**。未来がわからないっていうのは独特の緊張感を生むし、その緊張がハラハラドキドキを生むと思っています。僕たちがやっているXFLAGっていうブランドは、いつもテーマとしてバトルを掲げています。バトルは勝つか負けるかしかなくて、未来はわからない。だからみんなでドキドキできるっていうのが僕たちには重要なので、スポーツも勝敗が決まるバトル、戦いだっていうことは重要なポイントですね。

長田　それはゲームもそうなんですか。

木村　それは、もちろん。なので、僕らは音楽ライブみたいなものもやっていますが、でもそれは本流ではないと思っていまして。みんなで集まってワイワイする空間は作れているので、ナシではないんですけど、どちらかというと音楽は勇壮な軍隊が出陣するときのパレードのように士気を高めるためのものだと思っています。僕たちは音楽や演出でやっていくべきことはそういうムード作りであって、**エンターテインメントとしてのメインはゲームやスポーツだと考えています。**

これからの時代に求められるアスリートのあり方

長田　これから、スポーツシーン、アスリートシーンのサポートについて、ジャンルの拡大などは考えていますか？

木村　拡大できたらいいなとは思いますね。あまりに一気にやっちゃうと分散しちゃうし、様子を見ながらって感じだとは思いますけど。ただ、チームだと限度がありますよね。スワローズを応援しながら巨人を応援するってナシですよね（笑）。

長田　基本は1ジャンル、1チームですよね。

木村　難しいなあ。

長田　重複した質問になってしまいますが、サポートするチームを選ぶときに、条件はありますか？　絶対東京ベースとか…。

木村　それは正直ありますね。地方に支店があればアリなのかもしれないんですけど、僕たちの拠点は渋谷にしかないので、基本的には近くて双方のコミュニケーションがとりやすいエリアにいらっしゃるチームやアスリートが

堀米雄斗選手（スケートボード）、松本弥生選手（競泳）、野中生萌選手（スポーツクライミング）、内野洋平選手（BMX）　©XFLAG

ベースになるかもしれないです。

長田　事業会社として、アスリートやチームを支援することのリスクとか失敗談とかはありますか？

木村　支援を始めて日が浅い選手も多くて、まだそこまで失敗例には遭遇してないんです。

長田　個人のアスリートを支援されているのってここ1年くらいなんですね。

木村　はい、一番最初が２０１８年12月にスケートボードの堀米雄斗選手、競泳の松本弥生選手、２０１９年の1月にスポーツクライミングの野中生萌選手。あとは所属じゃなくてサポートなんですけど、ＢＭＸライダーの内野洋平選手とか。

長田　ミクシィさんにとってチームやアスリートというのは次なるビジネスという意味で新しい可能性があるということであって、純粋な社会貢献で支援されているわけではないですよね。

木村　はい。現時点ではまだお話しできることはあまりないのですが、ビジネスとしての可能性です。

長田　でも、それはいずれアスリートにも還元できるし、ビジネスにもできると考えているっていうことですよね。

木村　はい。だから、いまの段階ではＣＳＲとかそういうことでもないですね。

長田　企業によっては完全にCSRでやっていらっしゃるところも多いですが、それはそれで会社のジレンマがあるみたいです。でも、**ミクシィさんは、完全にビジネスとして支援をされている。アスリートにも還元されていく。**これは彼らにとっても、可能性があるっていうことですよね。そう考えるとアスリートはパフォーマンスを出し続けることが大事ですか?

木村　もちろん、パフォーマンスもひとつだと思います。驚きを与えてくれるので。ただ、今だといろんなアスリートとファンの関わり方があるなと思っていて。最近はダルビッシュ選手がおもしろいですね。「本業はYouTuberだ」とか言いだしたり。

アスリートには自分が表現者であると思い続けてほしいなと思っていて。**自分の競技者としての競技の表現、それだけではなく、話術やルックスやファッション、いろんなところが求められる時代だと思っています。そういう表現をいろんなかたちでやっていける人が、今後は強いんだろうなって思いますね。だから、競技としてだけではない、パフォーマンスを見せてほしい。**今、僕たちがサポートしている選手たちはTwitterやInstagramをよく上げていますし、競技に打ち込みながらもそういうことができる人っていうのは今後人気が出てくるんだろうなと思っています。

まとめ

ＢＭＸフラットランドの内野洋平選手から〝ミクシィさんとのスポンサー契約が決まりました〟と弾んだ声で連絡があった時のことは今も鮮明に覚えている。すでにミクシィ社とは渋谷というフィールドでプロジェクトはご一緒させていただいていたが、スポーツに対する活動にはかなり注目していた。ここ数年積極的にスポーツ分野に取り組んでおり、チームスポーツから最近だと個人アスリートまで少しずつジャンルが広がっている。今回の取材を通じて、改めて感じたことがいくつかある。アクティベーションこそが本質であること、ゲームといったオンラインの活動でも常にオフラインでのコミュニケーションを意識し、さらにコアファンでなくても誰もが入れる場作りをすること、そして全ての活動は事業化への道筋であるということだ。

スポーツは作られていないドラマが生まれる感動産業だが、実際それだけで自立できているアスリートはほんの一握りである。特にマイナースポーツに関してはこの部分が大きな課題であり、彼らがスポーツを継続するにも全てが企業協賛に頼るだけだと非常に厳しい現実がある。ミクシィ社のように企業としてマーケティングやプロモーションのみならず、スポーツシーンやアスリートへ還元できる次なる事業モデルを一緒に進めていける可能性のある会社には非常に期待しており、さらにテクノロジーを駆使しながら既存ファンとのエンゲージメントのみならず、新しいファンの巻き込みが連鎖反応として生まれてくるような仕組み作りは、現在マイナースポーツやU－15のスポーツ活動を進めている自分自身としても是非追求していきたい分野である。

対談3 アイデアとクリエイティビティで変革できる、従来型のゴールとルール

金山淳吾さん
（渋谷区観光協会 代表理事／渋谷未来デザイン プロジェクトデザイナー／EVERY DAY IS THE DAY クリエイティブディレクター）

お話を聞くのは、一般財団法人渋谷区観光協会の代表理事であり、現在私が従事している一般社団法人渋谷未来デザインで共に活動する金山淳吾さん。前職・レッドブル時代に彼のプロジェクトをサポートすることから始まり、その後、私が渋谷区の街づくりに参加するきっかけを作ってくれた張本人である。
独自の視点とクリエイティビティ、さらに実行力を持つ尊敬すべき存在である彼に、大手広告代理店などでのキャリアを踏まえた見地から、事業会社とマイナースポーツの関わり方、そしてファンづくりというものの本質について語ってもらった。

〝ターゲット〟ありきでない、共感から〝ファン〟を生みだすクリエイティブ

長田　金山さんが電通で活動していた頃に行った「アスリートとの取り組み」で印象深かったものはありますか?

金山　電通入社2年目にイチローさんと北野武さんの対談のお仕事をさせていただいたんです。MLBに拠点を移して2年目のイチローさんのドキュメント番組の仕事だったんですが、対談形式にすることで、北野さんのファン、北野さんの生態系の中にいる人たちも見るものになるんじゃないかと。それに、イチローさんがジャンルも年齢も全然違う相手とどんな言葉で向き合うのか、みたいなことも考えました。強い人だから、嘘や自分の考えていないことは言わないし、また、対話の中で気づいたことを芯のある言葉にできる人だろう、その言葉に哲学が宿るだろうなと。そういうことを5年間くらいシリーズで作っていきました。2年目はコピーライターの糸井重里さんと、3年目は久米宏さんと、4年目で矢沢永吉さんと、5年目は女性と話そうということで黒木瞳さんと。それを対談本として記録し、社会に残していこうと考えたんです。テレビ番組は放送して送りっぱなしで終わっちゃう。2時間しゃべってもらったものを50分くらいの番組に編

集してしまうので、視聴者に届かない話もある。それを様々なかたちの書籍として出版することで、その価値がビジネスにもなると考え、金言集を作ったりもしました。

僕は、特番制作が多かったのですが、サッカーの中田英寿さんをホストとし、様々なトップアスリートを迎えた対談ドキュメンタリーも作りました。当時、中田さんは日本代表から引退して旅人になっていた頃。まだ現役のアスリートたちが、年末にシーズン1年を振り返って、自分がどういう環境にいるのか、どう世界を見ているのかを中田さんと話してもらいました。田中将大さん、杉山愛さん、為末大さん、上田桃子さん、北島康介さんが世界各地でその時にしか語れない貴重な言葉を紡いでくれました。僕は、個人的に言葉の魅力に好奇心の矛先が向いていたのだと思います。

長田　部署的には、コンテンツを作る部署にいたということですか？

金山　衛星メディア局の企画開発部というところです。セールスする部署と統合したので、両方やってたんですけど。メディアビジネスを視聴率などの定量的な価値だけではかるのではなくて、意義あるコンテンツにして社会に送り出そうということに共感する仲間を作りたいと考えていました。ただ金銭価値として値付けができるものを、付けた値のまんま誰かに買ってもらうのではなくて、これが社会に送り出されていくときに「価値があるよね」と思ってもらえて、一緒に育てもらえるパートナーが欲しかった。〝得意先〟とか〝クライアント〟という呼び方はあまり好きじゃなくて。例えば、社会にメッセージを刻むパートナー、テレビ史の中にこういう瞬間を刻むパートナー、イチローの言葉を世に送り出すためのパートナー、年末のバラエティ一色の地上波編成に一石を投じるパートナー等々。そういうパートナーを作っていくということに10年間従事していた感じですね。

コンテンツとしては、スポーツのほかに、アート、音楽という3つのジャンルで。共通項は「カルチャーコンテンツ」、つまり人気のある女優さんと視聴率の取れそうなフォーマットを掛け算する「商業コンテンツ」の対局にあるカテゴリーをやっていると思っていました。人気のある人を使うことありきではなく、「これを深く理解することに価値があるんじゃないか?」。この番組を見たことによって何か行動が変わったり、考え方が変わったり、人生が前を向いたりするものを企画として考えることはできないか。そこに共感するタレントさんは、どういう人たちなのかを探していった方が、結果として良いものができるんじゃないかと思いました。

もしかしたら、僕がいわゆるメインストリームの「広告マン」としてはそんなに大きな成果をあげるような担当じゃなかったからかもしれませんが、〝ターゲット〟って言葉があまり好きじゃなかった。ワクワク感動することに年齢も性別も関係はないのに、〝ターゲット〟ってなんだろうと思っていたんですね。

ターゲットに代わる概念として、好奇心の対象の周りに〝ファン〟ができる。好奇心を刺激することができたら、その番組やコンテンツにもファンができるはず。そんなことをこだわってやっていきたいなと思っていました。

そんなときに、音楽プロデューサーの小林武史さんにお会いして、やがて彼の下（OORONG-SHA）に行きました。

まざまざと感じたのが、音楽を作っているミュージシャンのビジネスのプロセスの中に、オリエン、課題、ノルマといったものはないんですよ。**個人の好奇心とか、希望、喜び、悲しみなどをきっかけに、社会の喜び、社会の悲しみ、社会の希望、世界の好奇心みたいなものを全身で感じて、70億人の中のひとりとして、たまたまメロディーを作れる、歌詞を作れるという職能をもって音楽というかたちにする。すると、そこに共感が生まれて〝ファン〟が生まれる。これが本当のクリエイティブである、と。**

広告会社にいたときは、クリエイティブビジネスは、クライアントのオリエンや課題を正確に理解し、マーケティングターゲットを精緻に分析して戦略設計していくプロセスが半ば強制的に義務付けられているような印象がありました。それに比べると、音楽制作の現場ではクリエイティブ活動はすごく自由で開放的で、ターゲットなんていなくて、挑戦心に溢れ、ワクワクする瞬間の連続でした。そしてその経験が、今の渋谷区観光協会や渋谷未来デザインの仕事に繋がっていると思います。

長田　では逆に一般的な企業にとって、アーティストやアスリートをサポートする動機はどんなところだと思いますか？　またそれは、やはりイチローさんなど有名選手だから、といった理由からなんでしょうか？

金山　たぶん企業の宣伝担当者の立場で考えるとしたら、一義的には「イチローだから」「田中将大だから」だと思いますし、それは代理店側も重々承知。例えば、全英オープン優勝前の渋野日向子選手のドキュメンタリーには大して注目を集められなかったかもしれないけど、優勝後だとものすごいという、わかりやすい構図です。でもそれは、キャスティングバリューだけの話。キャスティングバリューはコンテンツバリューと相関性はあるけれど、本来はどちらも変数であるべきだと考えています。両方が高いものを掛け合わせるとすごい結果になります。**キャスティングバリューの方がわかりやすいので、そこから入ってもらってコンテンツバリューの良さ、高さを証明していくしかないかなと。コンテンツの意義だけでは企業として判断できなくても、補強してくれるキャスティングバリューがあれば動きやすいですね。**

メディアが民主化した時代の企画づくり

長田　その中でいま事業会社が、マイナースポーツとだからこそできることは何だと思いますか？

金山　ダイレクトな答えじゃないかもしれませんが、これまで話したことって、２０００年代前半の話なんですよ。まだ、ソーシャルメディアも成熟していない、スマホもあったけどまだ黎明期で、普及はしたけれど今ほど利便性や拡張性が高くなかった時代。いわゆる「オールドスタイル」なメディアビジネス、コンテンツビジネスだったから、そういう（メジャーコンテンツ偏重の）アプローチになったのだと思います。戦略的に設計したのかたまたまだったのかは別にして、レッドブル、GoPro、Facebook、Twitter、Instagramなどは、ものすごい星の巡り合わせのもと、同じ時代に登場し、相乗的にグロースしたなと思っています。ガラッと構造が変わってしまったという印象があるんですよね。昔は、人気がある人が視聴率を稼ぐ。視聴率を稼ぐシステムの中で活躍した人の人気が高まる。だから、マイナースポーツでいくら活躍しても、放送されていないからあまり人気が出なかった。でも本当はあらゆる競技に、あまり知られていない〝世界一〟がたくさんいるんですよね。野球やサッカーはマスメディアで放送しているので、そこで活躍すると人気が出て、視聴率が稼げて、その人にオファーが入る。それが今は、YouTuber

やインフルエンサーもそうなんだけれど、**メディアが民主化してきているような気がして。民主化した時代には、キャスティングバリューと企画（コンテンツバリュー）が逆転したなという感覚がちょっとあるんですよ。**レッドブルはそれを高い次元でやり遂げたなと思うんですが、テレビ局が感動的な瞬間のためにすごい金額を投資して、すごい金額を回収しなきゃいけないコンテンツとして作っていた時代に、ものすごいアスリートの極限とかを決定的に撮り切ることをGoProみたいなツールを使って実行していって、メディアとしては地上波などに載らないけれど、SNSにポン！と投げただけで、**みんなが本当の感動や価値ってこっちにあったと発見した。**そんなきっかけを作ったのがレッドブルであり、テクノロジーとしてのソーシャルメディア、カメラ機材としてのGoProなんだけど、それによって企画の重要性というのがいま一度、企業のマーケターたちの関心事になったのではないかと感じます。

昔は、どんなにいい雑誌広告よりもテレビで認知を稼いだ方が確実、みたいなところがあったから「企画」というのはどこか添え物、担当者の趣味性の延長のようなところがあった。今は**みんなが見たことのない表現、景色、挑戦をオーディエンスが求めているような気がするから、そこ一点においてマイナースポーツというのは、ものすごく価値があるものになっているんじゃないでしょうか。**しかも、マイナースポーツの定義って変わってきていて、体を動かすこと全てをスポーツだとしたら何だってよくなる。ルールが面白いんですよ、スポーツって。ルールを作れるというのを証明したのもレッドブルですよね。「アイスクロス（旧クラッシュドアイス）」しかり、「エアレース」しかり。ルールフォーマットを作って、その中にアスリートというか、一般的なアスリートではなくてチャレンジャーを巻き込んだ。クリエイティブなルールを作り、そこにチャレンジャーを巻き込んで、そのチャレンジャーをアスリートにしてしまったというのがすごい功績だと思うんです。僕が当時広告会社にいて、やれていたらよかったなぁという悔しさのひとつではありますね。

企業のマーケターたちも、本当はそこまでやりたかったはず。**新しいルールをつくり、チャレンジャーにファンをつくる、ハッシュタグをファンが作ってフォロワーがついてくるっていういまの流れに出遅れちゃったところがありますよね。**レッドブルってブランドとして世界でもフォロワーが多いブランドのひとつだと思うんですが、自分たちで独自に作ったルールフォーマットと、チャレンジする人間を集めてくるプロデュース力で、自分たち自体がインフルエンスシステムを作っているじゃないですか。世界中のブランドが、あと数年〜十数年かからないとフォーカスしない領域にいっていると思います。

ただマイナースポーツも、社会の関心事にするためにニュースにしなくちゃいけない。何がすごいのかわかりにくいスポーツをわかりやすく説明してあげる必要はあると思います。そこに成長の伸びしろがあるとして、そこに投資できる会社というのは限定的なんでしょうね。伸びしろより、いま買える何かじゃないと評価されにくいから。

目先のＫＰＩ達成より、企業ビジョンの実現をゴールに

長田　企業のマーケターの場合、「本来はこれをやるべき」という長期的視点ではなく短期的視点になってしまいがちなのが難しいところです。デジタルの世界が広まったことで、ＫＰＩが毎日見える、何をしたら何人が購買意欲を持ったとか、すごくわかっちゃうから余計に。そのうち、もっとリアルにデータが見えるようになるとさらに大変になるんじゃないかと思っています。本当に短期に、明日のＫＰＩを達成していくような世界になると、マイナースポーツをサポートするような投資的なものの企画をなかなか立てづらくなる。

金山　すごく矛盾しちゃっているのが、ＫＰＩってKey Performance Indicatorだから、パフォーマンスを測っていくための指標じゃないですか。なんのためのパフォーマンスかっていうと、本当は「これが達成目標なんですよ」というＫＧＩのもとにあるはずなんだけど、短期ＫＰＩ至上

主義で、どこのゴールに向かっているのかがわからなくなっています。**本当のゴールはどこに内包されるかというと企業のビジョンなんですよね。**ＫＧＩ、ＫＰＩだけじゃなく、企業にはビジョンとかミッションというものがあって、それをもって企業エコシステムを作ったり、顧客との関係性を築いたりしていくはずなんだけども、その中でなんで売上や認知だけがＫＧＩやＫＰＩになってしまうんだろうというのがすごく不思議です。

当時、そんな言葉がない時代でも、読売新聞が読売巨人軍を持っていることの意義は、野球は日本の国民的スポーツであり、その中で最も強いチームを持っていることを顧客が喜びますと。取れないチケットは顧客をリクルーティングしていくときのツールになります、みたいな理屈を作りながら、野球にものすごい投資をしたわけじゃないですか。これをビジネスにしようということでテレビの放映権のフォーマットを作って、ゴールデンタイムに入れて、スタジアムを作って、興業ビジネスとして成功させて球団としても黒字経営していくみたいなことになるわけじゃないですか。**そういう大きい野望とか野心とか、大きなシナリオを作りながらしっかりとカルチャー投資をできている会社が減ってきている気がします。**今のように、お金を持った会社が、ネタづくりとは言わないけれど…例えば企業がスポーツ産業に投資するトレンドがありますが、結局、興業的に成功しているスポーツ産業の中で椅子取りゲームをしているように見えることもあります。本当だったら、もっとマイナースポーツ、今だったら女子サッカーとかストリートスポーツとかに投資をして、それを未来の野球やJリーグのようなものにする会社が出て来ても面白いと思いますけどね。

しかし短期ＫＰＩだけで見ているとそういうことにはなりません。仮に今30歳の会社員がいて、勤め先が30年後も生き残っていると思うなら、30年後に自分の会社が何を成し遂げた会社になっているんだろうかということを考えられたら、やれる可能性はあるんだけど、実際には来年の出世の方が大事だから、上から与えられた短期的なＫＰＩ達成にしか意識がいかないですよね。

長田　消費財を扱う企業の場合は特にそれが強いですよね。

感動的瞬間を目指してルールをデザインする

長田　話は変わりますが、アーティストやタレントとアスリートって、どういう違いがあると思いますか？

金山　大きな違いは、ミュージシャンという意味でのアーティストやタレントっていうのは、安定的に約束（期待）された感動を届けることがビジネスの根源にあるんですよ。例えばコメディアンであれば、絶対笑わせてくれるんだろうなという、要はシナリオがあるビジネスをやっています。**スポーツというのは大いなる即興だから、シナリオがないじゃないですか。**だから感動係数でいうと、どんな人気アーティストのライブでも視聴率50％とらないんですよ。そのアーティストの世界観に共感している何十万人かのファンコミュニティがあって、その人たちにその人たちが期待する声、音、曲を届けられていればビジネスになるんです。スポーツはシナリオがなくて、いつどこでやるという設定はあるんだけど、どんなプレーが飛び出るっていうのが予測不能ですよね。演劇で言えば即興演劇だし、音楽で言えばジャズのインプロヴィゼーションみたいなことに繋がるんだと思いますが、それもその人のタッチ、その人のクセみたいなものが、ある一定のクオリティで提供されることがわかっているわけですよね。特殊なのは勝ち負けがあるということだと思います。勝てなくてガッカリしても、ファンとのエンゲージメントがそれを糧にしてさらに強くなっていくというのは、スポーツだけのちょっと特殊な環境なんだろうなって思います。やっていることはひとつの芸を磨いて芸を見せてってことなんだろうけれども、スポーツは相手がいるし、記録みたいなものと対峙する更新性も含めて、そこが面白いんですね。

長田　２００７年入社当時、私がレッドブルで最初に関わったプロジェクトは、ＢＭＸフラットランド世界大会の「Red Bull Circle of Balance」だったんですけど、正直言って、入社するまで一度も観たことも聞いたこともない競技だったんです。どういう競技なんだろう？と思ったけれど、そのとき驚いたのは、勝つための審査基準として、スキルや曲との親和性（アーティスティック）などがあって、さらにそのひとつが「オーディエンスのエキサイトメント」だったこと。すごい採点基準があるなと思ったし、しかもそれって他のストリートスポーツでも採用されていることだったんです。あるイベントでは、オーディエンスの歓声の音量〝dBデシベル〟を測ったり、それだけで勝敗を決めるものまでありました。ルールを独自に作って、そのルールをみんなで楽しむというのは面白いと思った部分で、実際には私が提案したオリジナルルールがスポーツイベントで採用されたこともあるんですが、今後この分野は企業としてもより活用できたり、変化していけるんじゃないかなと。

金山　マイナースポーツに限らずメジャースポーツでもできますよね。例えば、ゴルフもサッカーもどんどん新しいルールが出て来ていますし。**ルールってあらゆるスポーツにおける、感動的瞬間を目指すストラテジーだと思うから、ルールをどうデザインするかで、選手にとってはストレスが適度なストレスになり、オーディエンスにとっての感動の瞬間を演出することもできる。そこにクリエイティビティを入れる余地がまだあるんじゃないかなって。**
人なんて、騒ぎたい、楽しみたい、泣きたい、癒やされたいみたいな、いくつかの感情を得るためにしか行動しなかったり、お金を払わなかったりするじゃないですか。そういうところから逆算して、競技ルールだけでなく観戦ルールも変化していいと思う。『アナと雪の女王』が流行ったときに歌える映画館を作って意外とヒットしたとか。そういう視点でルールを考えることから〝感動ポイント〟をデザインするといいのかもしれませんね。

まとめ

金山さんとは、日々、互いに切磋琢磨して仕事をしているわけだが、今回の対話を通して改めて再認識したことは、アイデア、クリエイティビティから様々な可能性や新しい価値を生み出せるということ。街づくりも今や行政のみで何かを進める時代から、モチベーションとアイデアを持った誰もが参加できる共創時代になり、実際に意見を言うのみならず実行力さえあればいろいろと実現できるとつくづく自分自身が感じている。まさしくこれはオープンイノベーションの姿である。

メディアの民主化により、従来のメディアのみならず、個々がストーリーを作ったり、或いはルール自体を創造したりすることで、それに人々が反応し感動が生まれる。つまりオーディエンスが求める表現、景色、挑戦をどれだけクリエイティビティを持って進められるかを考えると、個人アスリートやまだまだ手のつけられていないマイナースポーツに対して企業ができることはたくさんあり、そこから多くの人へ感動を届けられると感じた。

企業は従来型のゴールや既存のルールに惑わされることなく、本当に企業の求めるものが何か、何をすべきかをしっかり考えることで、もっと多様な手法でブランド価値を上げたりファンを巻き込むことができる。そしてそれはこれからの時代の必要条件になってきていると思っている。

対談4 互いの熱量で心を揺さぶり合う、企業とアスリートの理想的な協働

塚田邦晴さん

（ファーストトラック株式会社 代表取締役社長）

元々は企業でアスリートを活用したマーケターとして経験を積み、現在は独立してアスリートマネジメントの会社を経営する塚田さん。企業とアスリートが組むことで、企業にとって、アスリートにとって、何が実現できるのか。どのような関係を築いていくことで相乗効果が狙えるのか。彼の考え方を語ってもらうことにした。

現場で自ら開拓した独自のキャリア

長田　塚田さんはＢＭＸ（フリースタイル）の中村輪夢選手や、ノルディックスキーの渡部暁斗選手といったアスリートのマネジメントを手がけていますが、現在に至る経緯を簡単に教えてもらえますか？

塚田　前職がオークリーというサングラスなどのブランドで、スポーツマーケティングをしていました。僕は中学生の頃からずっとスノーボードをやっていて、そのきっかけは友達の家でスノーボードの海外のビデオを見た時に、衝撃を受けたんです。アラスカの急斜面を滑ったり、道路を飛び越えてグルグル回ったりしているのを見て、これをやるしかないと。その時、ビデオの中のスーパースターたちがみんなオークリーのゴーグルをしてたんですよ。それからずっと一番好きな憧れのブランドでした。

大学を卒業した後は、キヤノンの営業とか、普通にサラリーマンをやっていたんですが、なんかやっぱり熱くなれない、本気になれない部分があって。オークリーのスポーツマーケティングが「未経験可」で募集していたから、もうこれしかないと思いました。

自分の強みはスノーボードと、同じく昔からやっていたテニスでした。そしてテニスのマーケットにはあんまりサングラスが浸透していなかったので、僕は「テニスにはサングラスが必要」っていう需要をつくろうと思って。それで、アポなしで錦織圭選手に会いにニューヨークへ自腹で飛んでいって口説いたりとか、いろいろしていたんです。

オークリーでそうやって選手と関わりながら仕事をして痛感したのは、**アスリートとやり取りする部隊とＰＲの部隊は、別の部署だったりしてけっこう壁がある**ということでした。ＰＲチームには自分たちのＫＰＩがあって、時には見ている方向が違うこともあるので、リアルタイムにアスリート担当と同じ目的意識と熱量を持ってチームとして動けないこともありました。いいアスリートやアセットがあるのに、タイムリーに活用できないことがあったり。なので途中からはＰＲ的な動きも自分でやっていました。現場に行って、そこに来ているメディアの記者さんに、僕しか持っていないネタとかを話しながら記事を獲得したりとか。プロダクトを絡めたストーリーテリングをしてＰＲをとるという発想で、そこに力を入れていたら、最終的にはスポーツマーケティングとＰＲをひとつにした部署を、そこのトップとして自分が正式に作ることになりました。スポーツマーケターとして僕は、自分が手がけた企画でニュースのヘッドラインをとることを目標としていたのですが、入社8年目、高梨沙羅選手と契約して、その契約発表会の様子がネットだけでなく地上波キー局の朝から夜まで幅広く取り上げてもらうことができ、LINE NEWSでヘッドラインを獲得したんです。オークリーという憧れのブランドで目標が達成できたから、次は自分が作ったブランドで、ゼロベースから選手をプロデュースして、マイナースポーツの選手の魅力を伝えていけたらと思って、今の会社を立ち上げました。

担当しているスポーツがマイナースポーツだからなかなかマスに知られづらいところもありますが、だからこそ、アスリートやそのスポーツの魅力を**リーチできる幅を広げるためにファッションとか音楽とか、アートといったコンテンツを掛け算して新しい価値をつくっていく**ということをコンセプトにしています。

ブランドとアスリートを繋ぐ戦略的視点

長田　事業会社とマネジメントというそれぞれの視点でキャリアを積んできた塚田さんから見て、事業会社とアスリートの関係はどうあるべきだと思いますか？

塚田　この場合「事業会社」は2つに分けられると思います。ひとつは、アスリートの競技に欠かせないギアメーカーと、あとはそれ以外。

例えば（中村）輪夢のスポンサーでいうと、自転車のフレーム、ヘルメットと、あとサングラスなどのアパレルなどがギアメーカー。

それ以外だと、メインスポンサーになっているソフトウェア会社のWingArc1stさんや、ＶＩＳＡさんなんかはギアメーカーじゃないですね。

ギアメーカーの場合は、やっぱりパフォーマンスアップに直結するので、その競技の専門性がすごい高い人たちが事業会社側にもいて、大会などの現場にも来て、選手と密接にリレーションを構築しながらやっていくわけです。一方、ギアメーカーではない会社になると、広告代理店の人が間に入るケースが多いです。なのでそれぞれ関わり方は違うんですけど、本質的に共通していることとして、**どっちもコンテンツマーケティングをしないと意味がない**なと思っているんですよ。

そのアスリートを、どのプロダクトだったり、どのサービスでサポートしているかみたいなリアルストーリーを、プロモーションで発信していくコンテンツマーケティングを行うことが大事なんです。それをやらなかったら、スポンサーではなく、タニマチだと思うんですよね。

長田　ちなみに今付き合っている会社さんは、そのあたり皆さん積極的にやっていらっしゃるんですか？

塚田　やっていますね。そこは東京オリンピックの追い風が吹いているので、露出も増えているし、最大限活用しようということは当然あると思うんですけど、例えばオークリーで言うと、まず輪夢専用のグローブを共同開発しています。ＢＭＸはグローブがとても大事だから、輪夢オリジナルのものをしっかり作っているんですが、そのプロセスをうまくコンテンツとして発信していくことがすごく大事ですよね。ギアメーカーでも**コンテンツマーケティングをしっかりやらないといけない。ただスポンサーしていればいい時代はもう終わっている**と思っています。

例えばサングラスでオークリーのスポンサードを受けているプロゴルファーの松山英樹選手が、ただオークリーのサングラスをかけていても、テレビを見ている人のほとんどはどこのサングラスなのか気にしていないんです。そこで、松山選手がなぜオークリーのサングラスをかけているのかっていうコンテンツマーケティングをしていかないと、もう売れない時代になってきていると感じています。

長田　それにはやはり事業会社側、ブランド側に「こういうふうにやりたい」というしっかりした意思がないと。

塚田　僕の場合はもともとブランドで働いていたから、こちらからそういう視点を持って選手を売り込みに行きました。この会社のこのコンテンツにはまりそうだからピンポイントでターゲットを絞って提案しに行ったり。でもその会社にとっての課題等とリンクしなかったら提案は実現しないので、外からはリンクすると思っても、会社側からしたら課題と感じていないケースも多いので、そこがマッチする可能性って結構低くて、コスパが悪いなと思ったんですよ。それで途中から方法を変えて、その選手の魅力とか、「こんなネタありますよ」というのをマスメディアやネットを使って拡散し、興味のある会社側から問い合わせをしてくれるためのシステムを作る戦略により注力しました。

輪夢のメインスポンサーのWingArc1stさんはそうして向こうから声をかけてくれました。ソフトウェアを扱っていて、ビッグデータを活用しながら企業のパフォーマンスを上げる支援をされている会社なんですが、ＢＭＸフリースタイルっていう歴史が浅い競技で、ナレッジが蓄積されていないところにWingArc1stさんが入って、動作解析をしたりとか、データを駆使して選手のパフォーマンスをアップさせることによって、自分たちのビジネスのロールモデルとしてわかりやすく伝えていくというのを輪夢とやりたいと言ってくれて。

そして、輪夢をサポートするためのチームである〝Team RIM〟が社内公募で集まったエンジニアや営業の方々によって発足し、国内外の大会や練習に来てくれて、データ分析や動作解析などをいろいろ試行錯誤してくれました。その結果、やはりデータを蓄積させて、比較するためには定点で観測できた方がいいとなって、だったら専用パークを作れないかって話になったんです。

最初は夢物語のような話でしたが、実際に社長自ら図面を描いてくれるなど、どんどんプロジェクトが進展していき、なんと2020年1月に輪夢の地元である京都に、輪夢専用のプライベートパークである「WingPark1st」が完成したんです。

24時間365日、BMXに乗れるインドアパークで、テニスコート6面分の敷地にワールドカップクラスのコースが常設され、動作解析のためのカメラ9台と15台のセンサーが設置されている世界初の施設です。総工費はなんと4億円。アクションスポーツでひとりの選手に、一企業がここまで投資をするケースは初だと思います。

輪夢の支援を決めてくれた時から「こういうふうにやりたい」という明確なビジョンがあったことに加え、Team RIMのメンバーの方々の本気の情熱に

WingArc1st社が中村輪夢選手のために作ったパーク「WingPark1st」
©NaokiGamon

よって夢がかたちになりました。

僕もWingArc1stさんの本気に応えるために、パークのネーミング決めから、記者発表会のコンテンツ内容、メディア誘致活動までパブリシティを最大化するために、ＰＲ会社的なサポートもマネジメントとしての役割を超えて協力させてもらいました。

企業とアスリートの、嘘のない繋がりを作り出すために

塚田　大きな企業、特にギアメーカーじゃないところとの取り組みでありがちなのは、コンテンツにおいての〝リアルさ〟の問題。有名な制作会社とか、有名なクリエイターとかがコンテンツのアイデアを考えたりするんですけど、やっぱりメジャースポーツと違ってマイナースポーツって、クリエイターの人たちもよくわかっていないこともあるから、正直ちょっとアイデアがズレていることもあるんですよ。これ、ＢＭＸのフリースタイルとはちょっと違うから、これをやっちゃうとコアな人たちから批判されちゃいますよ、みたいな。**アクションスポーツとかそういう競技って、やっぱり難しいですよね、リアルな伝え方が。シズル感を出すのが。でも、コアファンたちをちゃんと納得させながら、マスに魅力を伝えるということは絶対に必要で重要なんです**

よ。

出てきたアイデアが、マス的には面白いかもしれないけど、コアファンには響きづらいというようなことはよくあることで、調整が大変なところでもあるから、僕は選手にとっても企業にとってもウィン・ウィンなかたちを作る調整役みたいなところが自分の存在価値だと捉えています。

長田　結局、事業会社側もあらゆる知識を持つことは難しいですよね。もともとBMXのプロでもないし、クライミングのプロでもないし。そんななかで、事業会社がアスリートやシーンと〝リアル〟なかたちで付き合っていく方法としては、どんなことがあると思いますか?

塚田　世の中的によくあるケースとしては、まず事業会社が連盟とかのオフィシャルスポンサーになるっていうのが一番わかりやすいですよね。シーンとの関わり方として一番イージーでやりやすい。でもこの場合、間に広告代理店が入っているケースが多くて、コンテンツマーケティングというより、ロゴの掲出がどのくらい出て、メディアにロゴがどのくらい広告換算されたのかっていうことがKPIになることがほとんどですね。

企業とアスリートの付き合い方でおもしろい事例があって、シックスパッドがクリスティアーノ・ロナウドといったアスリートと契約しているんですが、契約金に加えてストックオプションの付与をしているそうです。つまり企業の株価が上がればアスリートにもメリットがある。こういう付き合い方ならアスリートもＳＮＳとかで自発的にＰＲすると思うんですよ。こういった、**企業とアスリートが運命共同体になって「一緒に成長していきませんか？」というかたちは、今後の新しいアスリートのサポートの仕方かもしれない。**最初にまとまった契約金を払う余裕がないスタートアップとかには特にマッチするかもしれないですね。

長田　新しいですね。

塚田　もちろん理想的なのは、企業がシーンの人と話をして、面白いことを提案することだとは思うんですけど。それができなくてこの方法にたどり着く企業が、これからもきっといて。単純にロゴを載せてくださいというだけではつまらないから、ストックオプションみたいなかたちで組むことができれば、ちゃんと共同体になることはできる。

長田　ただロゴだけのお付き合いっていう感じよりは一歩進めますよね。

アスリートの気持ちを動かす企業の熱量

長田　アスリートと組むのに向いている企業、向いていない企業ってあるんですかね。

塚田　一概には言えないと思いますが、アイデア次第だと思うんです。たぶん熱量があって、「やりたいです！」というのがベースにあって、あとはもうこじつけでもいいから。

長田　企業側の熱量？

塚田　企業の熱量というと思い出すエピソードがあって、それはノルディックスキーの渡部暁斗のヘッドスポンサーについてもらっているバスクリンさんの話。

ある時、バスクリンの社長さんが日本で開催されたワールドカップに応援に来てくれたんです。その時に暁斗が優勝して、社長がもう大感動してくれたんです。その後食事をしたら、「渡部暁斗選手すばらしい！　なんていい青年なんだ」と大ファンになってくれた。それまでも連盟のオフィシャルスポンサーではあったけど、直接お話をしたことがなかったのが、会ってみて話をしたら、暁斗からしても、社長さん熱いし、面白いなと。そして後日、日本全国の秘境の温泉をまとめたパンフレットを暁斗のためだけに作ってくれて、ここの温泉はこういう成分があっ

渡部暁斗選手（ノルディックスキー）

てすごくいいんですと。さらに暁斗の疲れをとるためにオリジナルの入浴剤をブレンドして持ってきてくれたり。そんなふうにされたらやっぱりこちらも心が動きますよね。その後、海外で行われているワールドカップにも社長は何度も応援に来てくれて。マイナス20度の中で応援してくれることも。ここまで本気で応援していただいているので、暁斗も熱い想いに本気で応えたいと思うようになりました。

やっぱりリレーションというのは人と人が作ることで、企業の枠を超えるものがあるなと思いましたね。

長田　そうやってお互いを知ることがすごく大事ですね。

塚田　パンフレットをもらった時は、僕も感動しちゃって。本当に暁斗のためだけに作ったものなんです。入浴剤も、海外遠征しているから体も疲れるし、気候も異なるので重宝するんです。

長田　それはたしかに、本当の意味でのパフォーマンス向上にも繋がる。究極のアクティベーションですよね。

塚田　だから結局担当者とかのやる気や熱量がいかに大事かということですよね。スポーツは老若男女に、年齢・国籍関係なくリーチできるコンテンツだから、面白いことをやりたいとか、こういうことをやりたいっていうパッションがあれば何でもできる。

長田　そうですね。本来マーケターにも、いろんなことができる可能性がある。壁にぶつかり、できないと思ってしまっていることが多くても、**実はいろんなアイデアで可能性は広がるもの。そこでやるかやらないか、自分ごとにするかしないか、でしかないと思います。**

まとめ

対談を経て感じたのは、スポンサーという枠を超えてアスリートに対する人としてのリスペクトの大切さ。あるいはアスリートを動かすほどの企業側の熱量の大切さ。

そして、単なるロゴ露出が功を奏する時代は終わり、ストーリーテリングを意識したコンテンツマーケティングが重要であるという指摘も大事なポイントだ。つまりアスリート側もお金だけでは動かず、企業とアスリート両者が最善のかたちを一緒に考え、運命共同体として二人三脚で進んでいくことが必要だ。

また、そのためには企業側も明確な意志を持ってアスリートにそれをきちんと伝える方法を考えていくべきである。

スポーツは、あるゴールを目指してチャレンジすることが多く、だからこそシーンやファンを深く巻き込みながら一緒に作り上げられる共通の喜びが生まれる。ブランド側の当事者として、効率化を求めてそれを人任せにしてしまうことほど勿体ないことはない。このような機会があれば最大限にチャンスを活かして時間を使うべきだと思っている。

アスリートが違えば、競技だけでなく個性も異なる。そこに自分達のアイデアを思う存分ぶつけながら、一緒になってブランドのサポーターやファンを作り上げるその過程を是非楽しんでほしい。

ATHLETE

まとめ

全てに共通する私の哲学

BRAND

まとめ

第6章では今現在の私がどのような想いで「街づくり」という活動の場を選んだかを紹介させてもらったが、そうした想いとも関連して最後にまとめとして、いくつかの私の持論、あるいはいつでも通奏的に意識している哲学とも呼ぶべきものについて語っておきたい。

自分ごととしての「ACTION」

渋谷未来デザインが掲げている理念のひとつに「THINK & ACTION」というものがあるが、結局アイデアを実現し成功させていくためにはとにかく「ACTION」が大事なのだと痛感している。アイデアは多くの人の協力によって集めることができる。しかしアクションは自分自身の行動。プロジェクトの課題をどれだけ自分ごととしてとらえ、具体的なアクションに結びつけ続けていられるか。そのための覚悟が非常に重要だ。覚悟がなければ、おのずと様々な局面で他人任せになってしまうだろうし、失敗すれば誰かのせいにしてしまうだろう。かかわる人全員が自分ごととして取り組まなければ、プロジェクトに本当の推進力、実現力は備わらないのだと思う。誰かがいつかやってくれるといったことに頼っていては物事は進まないことを日々痛感している。

巻き込み力をもってリードできるか

様々なプロジェクトを手がけてきて、根本的に感じるのは「自分ひとりでは何もできない」ということ。チームなり、協力者なりとして、人を巻き込んで皆で動かしてこそプロジェクトは前に進む。普段から、いわば〝巻き込める人〟を探し、繋がることが重要だ。そのネットワークをつくるためにはあらゆる場所へ足を運びコミュニケーションをとる。行動を常に起こしていないと、いきなりできるものではない。

例えば自分はデスクに座って待っていて、代理店や誰かにお任せでは、私が求めるようには物事はうまく進まない。そしてフラストレーションが溜まってしまうだけだ。企業やブランドとしての長期的なビジョンの実現を〝自分ごと〟として責任を持ち、自分の意思を持って「こういうことをしたい」と目標を共にできる人を巻き込み、自身は土台となって成功に近づいていくというのが、私の考える理想的なプロジェクトの推進の仕方だ。

個の時代

「人」を巻き込んで進みたい、と思うのは、これからは「個の時代」であると感じるから。プロジェクトの成功は、企業体という単位ではなくそこにいる個人の努力によってもたらされる。その意識を持つことができている人は、仕事を〝自分ごと〟としてとらえ取り組むことができているだろうし、そういう人をこそ巻き込んでいきたいと思う。

私は今現在、共に働く人のなかには、前職のレッドブル時代に限らず、さらに前職以前の頃から共に働いていたという人たちもとても多い。ぜひ読者の皆さんも、ご自身の周りを見渡して確認してみてほしい。長期的に見てまた仕事がしたいと思える人、困ったときに助けてくれる人や、自身が何かしたいときに提案を持ちかけられるような人がどれだけいるだろうか。そうした土台づくりは常日頃から意識して行っておくべきだと私は思う。

振り返ると、レッドブルという魅力的なブランドを抱えた企業から離職したときに疎遠になった人もいる。特に「人」ではなく「お金」を見て企業と付き合うような意識を感じ取れる人はたいがい、離れていったように感じる。しかし私がまだ繋がっていたいと思う人とはありがたいことに今も繋がり続けている。つまりは、人を見極めるということも時として大事である。ブランド力や企業の資金力という看板ではなく「自分」と付き合ってくれる人を選び繋がり続けるべき。言い方を換えれば、自分自身もまた〝ブランド〟なのであり、そこに魅力を感じてくれる人と共に歩むこと、そうしたネットワークを培っておくことが大切だ。

相手のメリットを考え続ける

そのように、繋がっていたい、巻き込んでいたいと思う人と長期的に良好な関係を築き続けるには、もちろん、相手のメリットを考え続けることが不可欠だ。

ギブアンドテイクであるから、もらうだけでは良好な関係は続かない。相手に対して何ができるのか、お互いにとってバランスよくメリットが生めているのか、といつも考えている。

またもし仮に「今回」自分が何かを受け取ってばかりだったなら、必ず「次回」は相手が相応のメリットを受けられるようにすることは徹底するよう心がけている。そうすることで更なる相乗効果が生まれることが多い。

「次」に繋げ続ける

その意味でも、私は誰かと施策案を話したり、相談したりされたり、あるいはひとつのプロジェクトが完了したときに、最後に必ず「じゃあ次にこれをやろう」という事柄をひとつ決めることを習慣づけている。話したこと、行ったことが、次の「ＡＣＴＩＯＮ」に具体的に繋がることを心がける。こちらから提案するものだけでなく、逆に相手が今後求めていることや課題は何なのか、そこで自分にできることは何なのかを引き出す意味でも、次に繋がることを毎度探すのは意味のあることだと思う。

つまりアイデアの実現や成功のキーは、

〈1〉自分ごととして捉えられるか（自分）
〈2〉人を見極め、巻き込み力を持ってリードできるか（仲間）
〈3〉ステークホルダーのメリットを生み出せているか（共創）

＋

〈4〉そしてそれらをもって社会的に意義のあるストーリーを作れるか（社会貢献）

ということに集約されると考えている。

本書では、より熱量の高いファンづくりのために、ブランドとしてスポーツのシーンやアスリートをどのように支え、協働すべきかといったことを主に論じてきたわけだが、それを行動に移すための原動力として、前述のような理念・哲学があることを理解していただければ嬉しい。これがまさしくダイバーシティ&インクルージョンの原点なのではと思っている。

アイデアの実現や成功は、

1. 自分ごととして捉えられるか（自分）
2. 人を見極め、巻き込み力を持ってリードできるか（仲間）
3. ステークホルダーのメリットを生み出せているか（共創）
＋
4. 社会的に意義のあるストーリーを作れるか（社会貢献）

本書でお伝えしたことが皆さんの仕事や活動のシーンにおいて、少しでも有効に活用されることを、私は心から願うばかりである。

あとがき

本書を最後まで読んでくださり本当にありがとうございます。

２０１８年の８月から宣伝会議のAdverTimes（アドタイ）で連載を開始させていただき、当初から書籍化を一緒に目指そうとお話しており、遂に２０１９年の２月に書籍化の話が通り、２０１９年の秋口に発刊を目指していました。しかしながら、自分自身の壁にぶち当たり、仕事にも追われ、途中本当に挫折しそうになりました。

書く内容はまとまっていたにも関わらず、書けば書くほど、どうしたら読者の皆様の次のステップに繋がるのかを考え始めて無限ループに入り、筆が一向に進まない状態が続きました。そんな中、多くの素晴らしいマーケターの方との出会いや活動から刺激を受け、ありがたいことに宣伝会議のスポンサーシップ・マーケティング実践講座や登壇依頼などの機会も増え、実際に話す内容に書籍化に向けたエッセンスを入れて反応を試してきました。できるだけ自分よがりでなく役立つ形にしたいと調整を続け、書籍化が決まってから1年以上かかりましたが、少しでも皆様のお役に立てることができれば幸いです。

さて、1年以上時間をかけてやっているうちに新型コロナウイルスが全世界を埋め尽くす状況になってしまいました。この本は、当初、2020オリンピック・パラリンピック前に企業やブランド側がアスリートやスポーツマーケティングをもっと考えるきっかけになればとも思っておりましたが、全く異なる状態になり、アスリート、スポーツといった分野、そしてイベントを含むエンターテインメント全体は大きな打撃を受けています。私も個人的にオリンピックのチケットが当たり、本当に楽しみにしていましたが、こんな時だからこそ、改めてスポーツやライブエンターテインメントのありがたみを噛み締めています。ここに登場したアスリートとスポーツシーンは自分の経験に基づいたものでありほんの一握りですが、私はいつも彼らに刺激され、励まされ生きてきました。きっとこの状態が収束した際には、人々の考え方や行動が随分と変わっているかとも思いますが、この自粛期間を経験したことで、再度スポーツやエンターテインメントの価値が見直され、ブランドとも連携してシナジー効果が進み、文化として強化・拡張されていくものと信じております。私自身もそのようなことをもっとサポートしたり、一緒にその過程を作り上げていければと思っております。

現在の新型コロナウイルスの状況を見ていると、何事も自分ひとりでできることは少なく、企業や個々の知恵とリソースを掛け合わせたり、集結して進めることや、物事を自分事としてアクションができる企業、団体や人材がさらに活躍することが期待され、今まさに取り組んでいる全ての障壁を越えた真の共創時代に進んでいくと思っています。今後とも是非、共に課題を乗り越え、新しい道や可能性を創る情熱あふれるメンバーを大事にし、互いに切磋琢磨して、社会に役立つことを進めていけたらと思っている次第です。

余談ですが、マーケティング関連の本は白いカバーが多い中、今回はカバーを敢えてピンク色にしてみました。

レッドブルの話が多いから青という意見もありましたが、私としては現在の春を感じられない状況と重なり、ちょっと派手で、且つ女性らしいデザイン、そしてこんな世の中だから手にとって気分が少しでも明るくなったらいいなという想いを込めてこちらのデザインになりました。レッドブルやスポーツの持つ強さと反対のイメージかもしれませんが、そのあたりもご愛嬌ということで受け止めていただけたらと思います。

謝辞

最後になりましたが、本書の制作にあたっては、連載を推していただいた『宣伝会議』編集長の谷口優さん、書籍編集の浦野有代さんと中根ほづ美さん、ライティングのサポートをしてくれた現在の同僚でもある天田輔さん、そしてこの本書のきっかけともなるような多くのマーケターとの出会いを作ってくれたCMO CLUB GLOBALの加藤希尊さんと澤田昭義さん含めメンバーの皆様に大変お世話になり感謝しております。

対談に協力してくれた、パイロットの室屋義秀さん、ミクシィの木村弘毅さん、ファーストトラックの塚田邦晴さん、そして渋谷区観光協会の金山淳吾さん、今回の記事には反映できませんでしたが、元同僚でもあるイレブン・マネジメントの杉本啓さんにもお話をたくさん聞かせてもらいました。日頃から多くのアドバイスをいただいているEVERY DAY IS THE DAYの佐藤夏生さん、元レッドブル同僚でDAZNの松岡けいさんや現在仕事を一緒にするBOOMERの秋葉直之さん、ありがとうございます。

本文ではアスリートとの事例と同時にアーティストとのコラボレーションも紹介していますが、そこではGLAYさん及び所属事務所であるラバーソウルの鎌瀬直人さん・熊谷祐一さん・中島しゅう一さん、三浦大知さん及びエイベックス・エンタテインメントの猪野丈也さん、ONE OK ROCKさん及びアミューズの平木洋輔さん・後藤吉隆さん、UVERworldさんとご関係者の皆様が快く掲載を許可していただいたことに感謝しております。

またレッドブル時代の元上司である内野正仁さん、ARUN HOZACKさん、Jean－Pierre Bernardinoさんや元同僚で戦友の月岡弘一さん及び一緒に走りつづけたマーケティングチーム、グローバル含めたレッドブルファミリー、無茶振りにも柔軟に対応してくれたパートナーの皆様の愛がなかったら10年半レッドブルで従事することはなかったと思っています。今までの叱咤激励とチームスピリットに感謝しております。そして掲載するレッドブル関連の写真やロゴを調整してくれたレッドブル・ジャパンのJEFF LIPPOLDさん、本当にありがとうございます。

エアレースなどのイベント事例を多々一緒に手がけてきた新創社の河野眞二さんやソルスティスの木戸口章さん含め多くの皆様、事例として登場している常に前向きに頑張っているアスリートの皆様、私が退社する時に忙しい中送別会を開いてくれた内野洋平選手含め、共に翼をさずかってきたメンバーとの全ての活動が、今回の書籍のきっかけや現在のモチベーションにつながっています。

２０１８年から所属している渋谷未来デザインでは、今まで全く接点のなかった行政や地域の皆様との出会いから、元同僚や一緒に仕事をしてきたメンバーが徐々に興味を持って活動に参加する動きもでてきて、人と人との繋がりがどれだけ大切かを実感しています。行政とは全くかけ離れ日本企業でも仕事をしたことがない私を快く受け入れてくださった長谷部健 渋谷区長、澤田伸 副区長、渋谷未来デザインの小泉秀樹代表理事、大西賢治理事、須藤憲郎理事とスタッフメンバー、NEW KIDSとして独立に際して色々とサポートしてくれたCreative Projectの畠山浩行さんやTAMARIBAの牧野晃典さんに感謝しております。

最後の最後になりますが、親が進んで欲しいと思っていた方向とは真逆のことばかりしてきた自分を支えてくれた両親と、常に仕事に追われて迷惑ばかりかけていながら、自分自身が本当の素に戻れる環境を作ってくれている家族の信哉、七緒と季希南には改めて感謝の気持ちを込めて。

長田新子

長田新子

一般社団法人渋谷未来デザイン 理事・事務局次長

NEW KIDS株式会社 代表

AT&T、ノキアにて情報通信及び企業システム・サービスの営業、マーケティング及び広報責任者を経て、2007年にレッドブル・ジャパン入社。最初の3年間をコミュニケーション統括責任者、2010年から7年半をマーケティング本部長(CMO)として、日本におけるエナジードリンクのカテゴリー確立及びレッドブルブランドと製品を日本市場で浸透させるべく従事し、独立。現在は2018年4月に設立された一般社団法人渋谷未来デザインの理事、事務局次長。その他、NEW KIDS株式会社代表として、企業ブランド・コミュニティ・アスリート・イベント関連のアドバイザー、講演活動やマーケターキャリア協会にてマーケター向けキャリア支援活動も行っている。

宣伝会議 の書籍

実務家ブランド論
片山義丈 著

ブランドをつくる現実的な方法を、ダイキン工業で長年にわたって広告宣伝やブランディングを担当してきた実務家の視点でまとめ上げた一冊。企業や商品の価値を正しく伝えるために本当に必要なことは何か。ビジネスの現場で実践するためのポイントを徹底解説する。

■本体1800円＋税 ISBN 978-4-88335-527-3

メディアを動かす広報術
松林 薫 著

記者と広報担当者との関係性が変化の兆しを見せる昨今。元・日経新聞記者である著者が、プレスリリースのつくり方から取材対応、リスク対応など広報全般にわたり、記者とのコミュニケーションの築き方、関係のつくり方からこれからの広報の在り方までを指南する。

■本体1800円＋税 ISBN 978-4-88335-523-5

手書きの戦略論
「人を動かす」7つのコミュニケーション戦略
磯部光毅 著

コミュニケーション戦略を「人を動かす人間工学」と捉え、併存するコミュニケーション戦略・手法を7つに整理。その歴史変遷と考え方を〝手書き図〟でわかりやすく解説。各論の専門書に入る前に、体系的にマーケティング・コミュニケーションを学べます。

■本体1850円＋税 ISBN 978-4-88335-354-5

地域の課題を解決するクリエイティブディレクション術
田中淳一 著

全国38の都道府県で自治体や企業などの案件を率いてきた筆者による、地域プロジェクトならではの方法論。リサーチとコンセプト設定からはじまるクリエイティブ開発の方法を、体系的にわかりやすく解説する。

■本体1800円＋税 ISBN 978-4-88335-529-7

宣伝会議 の書籍

The Art of Marketing マーケティングの技法

音部大輔 著

メーカーやサービスなど、様々な業種・業態で使われているマーケティング活動の全体設計図「パーセプションフロー・モデル」の仕組みと使い方を解説。消費者の認識変化に着目し、マーケティングの全体最適を実現するための「技法」を説く。ダウンロード特典あり。

■本体2400円＋税　ISBN 978-4-88335-525-9

パーパス・ブランディング 「何をやるか？」ではなく、「なぜやるか？」から考える

齊藤三希子 著

近年、広告界を中心に注目されている「パーパス」。これまで海外事例で紹介されることが多かったパーパスを、著者はその経験と知見からあらゆる日本企業が取り組めるように本書をまとめた。「パーパス・ブランディング」の入門書となる1冊。

■本体1800円＋税　ISBN 978-4-88335-520-4

ステークホルダーを巻き込みファンをつくる！ オウンドメディア進化論

平山高敏 著

ＢｔｏＣ、ＢｔｏＢ問わず、企業が注目するオウンドメディア。ＫＩＲＩＮ公式 ｎｏｔｅ立ち上げの立役者である著者が「顧客との持続的なつながり」を生むオウンドメディアの可能性を説く。多くの人を巻き込み、共創する新時代・オウンドメディア運営の教科書。

■本体2000円＋税　ISBN 978-4-88335-555-6

クロスカルチャー・マーケティング 日本から世界中の顧客をつかむ方法

作野善教 著

海外の消費者や国内に住む外国人、訪日旅行客を見据えたマーケティングの考え方、組織づくり、市場・顧客分析、クリエイティブなどについて解説。国内市場の成熟が進むなか、日・米・豪で企業のマーケティングを支援してきた筆者による、これからの日本企業への指南書。

■本体2000円＋税　ISBN 978-4-88335-559-4

アスリート×ブランド

感動と興奮を分かち合うスポーツシーンのつくり方

発行日　2020年5月12日　初 版
　　　　2023年2月23日　第2刷

著者　長田新子

発行者　東 彦弥

発行所　株式会社宣伝会議
〒107-8550　東京都港区南青山3-11-13
TEL 03-3475-3010（代表）
https://www.sendenkaigi.com/

装丁・DTP　野村義彦（LILAC）

印刷・製本　中央精版印刷株式会社

ISBN 978-4-88335-497-9　